Ancrées dans le Nouvel-Ontario, les Éditions Prise de parole appuient les auteurs et les créateurs d'expression et de culture françaises au Canada, en privilégiant des œuvres de facture contemporaine.

Éditions Prise de parole
C.P. 550, Sudbury (Ontario)
Canada P3E 4R2
www.prisedeparole.ca

Nous reconnaissons l'aide financière du gouvernement du Canada par l'entremise du Fonds du livre du Canada (FLC) et du programme Développement des communautés de langue officielle de Patrimoine canadien, ainsi que du Conseil des Arts du Canada, pour nos activités d'édition. La maison d'édition remercie le Conseil des Arts de l'Ontario et la Ville du Grand Sudbury de leur appui financier.

La mesure du temps

Du même auteur

Poésie
Carnet de routes ourdies, Ottawa, Éditions du Vermillon, 2006.
Deçà, delà, pareil…, Ottawa, Éditions du Vermillon, 2003.
Saisons d'esseulements, Ottawa, Éditions du Vermillon, 2001.

*Cinquante exemplaires de cet ouvrage
ont été numérotés et signés par l'auteur.*

Jean Boisjoli

La mesure du temps

Roman

Éditions Prise de parole
Sudbury 2016

Œuvre en première de couverture et conception de la première de couverture : Olivier Lasser
Accompagnement éditorial : Johanne Melançon
Révision linguistique : Eva Lavergne
Édition : Stéphane Cormier
Correction d'épreuves : Chloé Leduc-Bélanger et Suzanne Martel

Tous droits de traduction, de reproduction
et d'adaptation réservés pour tous pays.
Imprimé au Canada.
Copyright © Ottawa, 2016

Diffusion au Canada : Dimedia

Catalogage avant publication de Bibliothèque et Archives Canada
Boisjoli, Jean, auteur
La mesure du temps / Jean Boisjoli.
Publié en formats imprimé(s) et électronique(s).
   ISBN 978-2-89423-943-8. – ISBN 978-2-89423-782-3 (pdf). –
   ISBN 978-2-89744-039-8 (epub)

I. Titre.
   PS8553.O46653M47   2016   C843'.6   C2016-900721-9
                                                                                                       C2016-900722-7

ISBN 978-2-89423-943-8 (Papier)
ISBN 978-2-89423-782-3 (PDF)
ISBN 978-2-89744-039-8 (ePub)

*Pour mes filles Renaude et Camille,
sans qui tout ceci
ne serait
que
poussière au vent*

Le désir de retourner là d'où on vient est-il aussi naturel que la fraie chez les poissons? Combien de temps devait-il s'écouler avant que cela ne perde de son importance?
(D. Y. Béchard, *Vandal Love*)

Le soleil se lève, le soleil se couche;
Il soupire après le lieu d'où il se lève.
(Ecclésiaste 1:5)

je palpe tous les recoins des
silences
clés de voûte
du départ

silences fuyards
sur fil tordu
l'intimité césure
vies modelées
sur
l'étendue
de
silences trop lisses

la mémoire de silences
égrenés
est perdue
dans l'oubli du regard

I

Je suis née et j'ai grandi à Montréal, sur la rue Durocher, à deux pas du parc Jarry. Je suis donc résolument urbaine, mais je n'endure que difficilement les foules et les bruits qui viennent avec. J'aime flâner dans les rues et avenues de la planète, mais je déteste me faire bousculer. Ce n'est pas une contradiction.

Dans une grande ville, les gens se dépêchent toujours le matin. C'est le cas, aujourd'hui, dans cette gare de Winnipeg, où je me sens agressée. Tout à l'heure, alors que j'étais debout sous la grande coupole, un homme distrait m'a frappé le genou avec sa valise. Puis, une femme d'affaires pressée a failli me renverser tant elle était occupée à parler dans son téléphone intelligent. J'ai lancé :

– Ah, *fuck*!

Le «*you*» était implicite. Les gens se pressaient autour de moi. De toutes parts, on passait en coup de vent. J'ai pris une grande respiration et j'ai murmuré : «Calme-toi, Marjolaine.» J'ai fini par me réfugier vers un banc le long du mur. D'ici, je peux surveiller la porte des arrivées. J'attends mon ami Bernard.

Je ne veux surtout pas le rater. Je suis arrivée un bon moment avant l'heure prévue de l'entrée en gare du train de Montréal. J'ai dit à mon ami qu'il se fatiguerait moins s'il prenait l'avion, que ce serait plus rapide, mais il a insisté : « Je pourrai me reposer pendant le long trajet, et surtout en profiter pour revivre certains moments de mon passé. Ça me rappellera mon tout premier voyage. C'était il y a plusieurs années. » Il a fait une pause, puis a ajouté : « Mais c'était dans le sens contraire. J'allais vers l'est plutôt qu'à l'ouest. » Voilà le but de son voyage : revoir sa jeunesse, retourner sur les lieux des événements qui ont forgé le cours de son enfance. Du moins, c'est le but avoué. Pour le reste, je ne sais pas encore.

Je me suis réfugiée dans ma bulle. Je relis une lettre que j'ai reçue de lui il y a quelques semaines, à un moment où je ne m'y attendais plus. Je n'avais pas eu de ses nouvelles depuis plusieurs mois. Étrangement, Bernard n'avait pas envoyé cette lettre à mon bureau, comme d'habitude, mais à mon domicile. Ce détail m'avait intriguée. J'avais aussi remarqué que, pour la première fois depuis fort longtemps, il avait utilisé son papier des grandes occasions, un parchemin incrusté de fleurs. J'ai lu et relu la lettre, tentant d'y trouver un sens caché… Je me dis finalement que ce voyage n'est peut-être qu'une occasion de ressourcement pour mon ami, qu'il ne cultive probablement aucune arrière-pensée. Je me promets quand même de rester vigilante. On n'ouvre pas une vieille plaie sans risquer de souffrir encore une fois.

Je jette un nouveau regard vers la grande porte des arrivées. Bernard ne se trouve pas parmi la foule des passagers qui se bousculent. Je demeure plusieurs minutes les yeux dans le vide, la lettre entre mes mains. Je reprends la lecture depuis le début.

> Ma chère Marjolaine,
>
> Cette lettre pourra vous surprendre, puisqu'elle semblera, je n'en doute pas, vous être envoyée à l'improviste, dans un élan irréfléchi, mais croyez-moi, si je vous écris, ce n'est qu'après longue et mûre réflexion. La vie est ainsi faite qu'elle nous dicte un parcours; il nous incombe ensuite de suivre le tracé sans trop résister. À l'âge où je suis rendu, un temps d'arrêt s'impose. Une pause qu'il m'aurait été bénéfique de prendre il y a longtemps. Il me faut faire le point sur ma vie, revoir ce que j'ai accompli, voir où j'en suis et envisager les prochaines étapes, dont l'ultime, celle qui nous attend tous. La fin du parcours ou la ligne d'arrivée, selon l'approche philosophique que l'on privilégie.

Je ne peux m'empêcher d'être touchée par ce que mon ami écrit. Ses mots sont, comme toujours, empreints de délicatesse. Il est dans la nature de cet homme d'enrober ses écrits de velours: avec Bernard, tout est dans l'art de dire, dans la manière de faire. Un critique littéraire a d'ailleurs écrit que ses livres sont ficelés de fils de soie. Je parcours les phrases à la calligraphie précise et aux lettres légèrement inclinées. Il me demande de lui rendre service.

> Ce ne sera rien de trop accaparant, en somme;.une toute petite faveur, mais qui me sera d'une très grande utilité. L'âge, encombré de ses aléas, m'incite à faire un retour sur mon passé, mais il y a plus. Une maison d'édition de Montréal, qui a ses entrées à Paris, m'a convaincu d'écrire ma biographie (allez donc savoir pourquoi!). J'avais d'abord refusé, mais dans un moment de faiblesse et, je l'avoue, sans doute de vanité, j'ai succombé.

Je dois donc maintenant donner suite à mon engagement, sonder le fond de mon âme, rassembler mes souvenirs et en faire un récit qui se tienne, qui sache aussi être vendeur. Je voudrais qu'il s'agisse du portrait d'un lieu et d'une époque, vus à travers les joies et les tourments d'un garçon. Je voudrais aussi que ce soit quelque chose de profond, pas un récit superficiel. Vous savez que je ne suis pas abonné aux historiettes à l'eau de rose, n'est-ce pas ?

Je dépose la lettre sur mes genoux. Mon regard se porte sur une jeune femme dans la vingtaine. Appuyée à un mur, elle essuie des larmes du bout d'un mouchoir. Son air me rappelle la peine que j'ai ressentie à cause de Bernard. Je revois des images de notre relation amoureuse, de ma mère Maria qui me consolait, qui me disait que tout ça serait bien vite oublié. Elle savait, elle était passée par là avec mon père. « On refait vite sa vie », qu'elle me répétait. Il me faut quelques minutes pour retrouver mes esprits. Je reprends la lecture de la lettre.

Dans la réalisation de mon projet, il me faudra agir avec doigté, m'improviser archéologue pour déterrer mon passé au petit pinceau, afin de ne pas endommager les artéfacts enfouis dans la mémoire du temps.

Ce ne sera peut-être pas comme dans le livre de Salinger, enfin je ne sais pas encore, cela reste à voir. Vous vous souvenez peut-être qu'un soir, voilà déjà plusieurs années, je vous ai lu l'incipit de *The Catcher in the Rye* :

> *If you really want to hear about it, the first thing you'll probably want to know is where I was born, and what my lousy childhood was like, and how my parents were occupied and all before they had me, and all that David Copperfield kind of crap, but I don't feel like going into it, if you want to know the truth.*

Collégien, j'ai été happé par ces mots. Je me suis senti de grandes affinités avec le jeune Holden Caulfield qui, comme moi, cherchait sa voie, parfois maladroitement, souvent confusément, je dois l'avouer. J'ai précieusement conservé ce livre qu'une dame m'avait donné alors que j'étais adolescent ; elle l'avait elle-même reçu en cadeau. La dame me le transmettait pour m'aider à apprendre l'anglais, sa langue maternelle. Elle voulait aussi m'inciter à sortir des sentiers battus, à réfléchir par moi-même.

Contrairement à Caulfield, je vais cependant tenter de ne rien exagérer des personnes ; je devrai toutefois les décrire avec leurs qualités et leurs défauts. Je serai le photographe de leur vie quotidienne, de leurs aspirations et de leurs renoncements. Ce faisant, je n'aurai parfois d'autre choix que de les dépeindre à travers la lentille de mes propres valeurs. L'objectivité n'existe pas ; seule l'honnêteté peut nous guider. Je vous l'ai si souvent répété. Je dois aussi vous avouer que la tâche me sera d'autant plus ardue que nous écrivons chaque jour le compte rendu de notre vie ; bien que mon avenir soit davantage derrière moi, je n'ai pas encore complété la trame narrative de mon existence. Loin de là... c'est du moins la grâce que je me souhaite.

Alors, ma très, très chère et si jolie amie, voici où je veux en venir. Vous êtes la personne toute désignée pour me prêter main-forte. Je serais, Marjolaine, plus qu'honoré que vous acceptiez de m'aider à rédiger ma biographie.

Vous pourrez me répondre sans trop tarder ?

J'ai retourné la question sous toutes ses coutures. Je cherchais à gagner du temps. J'espérais sans doute qu'il change d'idée. Puis, chose qu'il n'avait pas faite depuis plusieurs années, Bernard m'a téléphonée. Contrairement à d'autres personnes dans notre milieu de la publicité et des communications, sa voix n'est pas forte. Elle est feutrée. Il faut parfois tendre l'oreille pour mieux l'entendre. Sa voix ne commande pas, elle convoque au rapprochement. Elle invite ainsi à une écoute respectueuse. Bernard s'est fait rassurant.

– Ce serait un immense service que vous me rendriez. Je vous en serais éminemment reconnaissant.

Je demeurais pensive.

– Toutefois, si jamais…, vous savez, je comprendrai…

J'ai hésité. Puis j'ai finalement accepté, mais alors seulement du bout des lèvres. Est-ce que j'avais vraiment le choix ? Tel qu'il avait été glissé à la toute fin, ce « je comprendrai… » ne semblait pas permettre un refus. Pendant que Bernard me parlait, je revoyais nos moments ensemble, ceux au travail, comme ces autres moments, plus intimes, à l'extérieur du bureau. N'avait-il pas déjà occupé une place déterminante dans ma vie ? N'y conservait-il pas toujours une place prépondérante, même si ce n'était peut-être plus que par procuration ? Même s'il m'avait aussi profondément blessée ?

– Ne vous méprenez pas, vous ne serez pas mon nègre. Au contraire, ce sera, comment dire, une collaboration. Nous formerons une équipe, votre nom figurera avantageusement dans la publication.

Je me suis interrogée quant à ses véritables motifs, car je sais que mon ami n'en serait pas à ses premiers artifices pour attirer quelqu'un dans ses rets. Il maîtrise l'art de poser des pièges, doucement, presque tendrement, à tel point que ses victimes sont parfois portées à l'en remercier. Malgré mes hésitations, je savais que je ne pourrais, comme toujours, rien lui refuser, même après cette relation que j'aurais voulue plus franche. Nous avons vécu quelque chose d'ambigu, qui s'est terminé de façon alambiquée. Toute autre considération mise à part, je dois admettre que je demeure encore animée d'une curiosité de véritablement connaître cet homme qui m'a singulièrement marquée.

— Vous êtes bien gentille, et je dirais même généreuse, de consentir à m'accompagner ainsi dans cet exercice de ressourcement.

Une main frôle mon épaule. Je sursaute.

— Bernard?

Mon timbre de voix laisse croire que sa venue me surprend ou que je ne le reconnais pas. Perdue dans mes pensées, j'avais oublié de surveiller l'arrivée de son train. Je lui souhaite la bienvenue tout bas; je ne sais pas encore quelle attitude adopter face à lui. Bernard prend les devants. Il s'assoit à côté de moi, sur le banc en bois. Bernard est visiblement fatigué, mais il a toujours la belle allure d'un homme à qui la vie a souri. Sa voix est basse.

— Ne craignez rien, je sais que nous avons discuté. Nous avons mis certaines choses au clair.

Il coffre mes mains dans les siennes, chaudes et rassurantes.

— Vous savez, Marjolaine, je n'oublierai jamais ce que nous avons vécu ensemble, mais je sais que tout cela est du passé.

— Nous nous entendons sur ce qui peut et sur ce qui ne peut plus se passer entre nous? C'est bien clair? Ces choses-là sont derrière nous?

— Bien sûr. Je sais, je sais. On ne peut retourner sur les sentiers parcourus.

— Oui, mais ça ne sera pas toujours facile... pour moi, du moins. Vous comprenez, n'est-ce pas?

Il fait la moue, tout en murmurant du bout des lèvres :

– Je sais… c'est vous qui avez été blessée. Croyez-moi, je pense encore parfois à la façon…

– …oui, vous m'avez blessée, mais ça fait longtemps. Je préfère ne pas revenir sur ça.

– Vous croyez que le temps a fait son œuvre ?

– Pour tout vous avouer, je ne sais pas, Bernard. Je pensais avoir tout oublié. Mais bon, votre retour, et tout et tout… Ça me fait revivre des épisodes. Chose certaine, j'ai encore beaucoup d'estime pour vous.

– J'ai l'impression que vous n'êtes pas rassurée. Suivons le rythme du moment. Si ce n'est déjà fait, vous comprendrez que je suis sincère.

Bernard s'arrête de parler quand il me voit entortiller le bout de mes longs cheveux noirs dans mes doigts. Il ose quelques mots de reproche. Je l'interromps.

– Vous avez promis…

– C'est vrai, je n'ai plus à me mêler de vos affaires.

Il n'aimait pas que je joue avec mes cheveux, ça faisait trop gamine, ça et mon habitude de me sucer distraitement le pouce en réfléchissant. Selon lui, ces tics ne cadraient pas avec mes traits d'Italienne racée. Il y avait plus : « Imaginez un peu le sérieux, les enjeux d'une salle de réunion avec des clients. Vous vous voyez, le pouce dans la bouche comme un bébé devant des présidents de compagnie ? » Je me suis mise à placer le bout de mon stylo entre mes lèvres comme une cigarette, mais ce geste ne lui plaisait pas plus. En réunion, je croisais les mains devant moi sur la table et je ne bougeais pas, de peur de le décevoir.

Bernard me couve de son regard apaisant, ce regard auquel il est difficile de résister. Il est de ces personnes que la vie impose comme une marque au fer rouge, de ces êtres qui laissent une trace indélébile. J'en sais quelque chose.

Il est temps de partir. Bernard dit avec entrain :

– Allez, chère dame, à l'abordage ! Le retour vers mon enfance nous attend.

Nous récupérons sa valise, puis nous montons dans ma voiture pour que je le conduise à Saint-Boniface. En cours de route, Bernard me remercie à nouveau d'avoir accepté de l'aider.

– Surtout que vous avez pris congé de votre travail la semaine prochaine.

Je me retiens de lui rappeler que c'est lui qui m'a accordé ce congé, et que j'aurais difficilement pu refuser la demande de mon patron. Je réponds que je lui serai toujours redevable de m'avoir soutenue au début de ma carrière.

– Je suis surtout honorée que vous ayez pensé à moi pour accomplir cette tâche…

Mon ami veut intervenir. Je l'en empêche.

– …mais soyez rassuré, ce n'est pas une tâche. C'est plutôt un honneur, oui, c'est ça, un grand honneur de vous aider à retracer les détails de votre jeunesse.

Il baisse le regard en simulant l'humilité. Du coin de l'œil, j'observe la fausse modestie et le léger strabisme qui lui permettent d'afficher un air de vulnérabilité, un air qui plaît aux femmes. Je ne suis pas la seule à y avoir succombé.

– N'y consacrez pas trop de temps ou d'énergie, ce ne sera pas d'intérêt hors du cercle de mes amis, ou de quelques flagorneurs. Vous savez, le livre, tout juste dédicacé, ira en rejoindre d'autres au fond du bac de recyclage.

Je le reconduis à son auberge du Vieux Saint-Boniface. Bernard regarde la grande maison aux murs de stuc couleur ocre et aux volets peints bleu de cobalt.

– Les propriétaires sont de Cassis. C'est du moins ce qui était écrit sur le site Internet.

– J'imagine que ça devait leur donner un air d'exotisme de mentionner le sud de la France.

– Ou une certaine crédibilité, comment dire? Pourtant, regardez, on dirait un jardin d'inspiration anglaise.

– C'est vrai, tout est en fleurs. La saison est déjà gorgée de nature.

Devant la maison, des plates-bandes débordent de bégonias, de soucis, de lys et de pivoines; il y a aussi des rocailles, des roses au pied du mur et un feu d'artifice de clématites qui éclaire les treillis de chaque côté d'une véranda. Un écureuil grignote dans son coin. Des oiseaux picorent dans une mangeoire. Sur le trottoir, de l'autre côté de la rue, un couple âgé marche silencieusement, main dans la main; la femme et l'homme se regardent de temps à autre en souriant comme de jeunes amoureux. Plus loin, des enfants s'égosillent dans la piscine municipale du parc Provencher.

– C'est une auberge de style familial. On en dit le plus grand bien... sur Internet... D'ailleurs, ma secrétaire a dû m'aider avec la réservation. Je tente encore d'apprivoiser ce machin.

Mon ami attire mon attention vers notre droite, où une femme gesticule en se faisant interviewer devant l'édifice de Radio-Canada.

— J'aurais pu y travailler... si toutefois je n'étais pas parti pour Montréal. Il m'arrive encore de penser que ma vie aurait sans doute été différente si j'étais demeuré ici.

— Mais voilà que vous êtes revenu, Bernard.

— Oh, mais pour si peu de temps. C'est très court, une semaine. Ensuite, je devrai retourner à mes affaires à Montréal. Du moins pour le moment. Après... je verrai. Après, ce sera après.

J'esquisse un sourire.

— Je passe vous prendre demain matin, vers dix heures. Ça vous va?

Cela lui convient. Il pourra se reposer de son long voyage. Bernard refuse que je l'aide à transporter ses effets. Je le regarde traîner sa valise à roulettes. Il avance un peu plus lentement qu'auparavant, mais son allure générale n'a que peu changé depuis l'époque où nous nous sommes fréquentés. En faisant démarrer le moteur de ma voiture, je ne peux m'empêcher de penser que c'est avec Bernard que j'ai véritablement vécu les derniers moments de mon innocence amoureuse. Après lui, j'ai eu beau me forcer, je ne suis jamais parvenue à retrouver les mêmes élans spontanés.

2

Bernard est plus souriant ce matin. Au fil des ans, il a un peu épaissi autour de la taille, mais il n'a de toute façon jamais été maigre ; à une certaine époque, je disais qu'il était un séquoia. De toute évidence, il demeure une force de la nature avec sa carrure imposante et son regard franc. Hier soir, je me suis inquiétée de ses traits marqués par la fatigue. Mon fils William s'est aperçu que je ne me concentrais pas sur ses travaux scolaires. Il m'a dit : « Tu sais, j'peux continuer tout seul si t'es pas toute là… » Je l'ai félicité pour la qualité du dessin de fin d'année qu'il faisait à l'intention de son enseignante, puis je suis retournée à mes pensées. La venue de mon ami m'intrigue. Elle me préoccupe, aussi.

Ce matin, Bernard marche d'un pas vif et alerte. Il a repris son allure de chef d'État un soir de grand succès électoral. Il est aussi plus avenant. Sa voix a retrouvé son flot fluide et chaleureux. Il m'attend devant son auberge et, de la main, me fait signe de le suivre.

— Profitons du soleil. Il me fait grand plaisir de retrouver la brise fraîche et sèche des plaines du

Manitoba. J'aime aussi ce rythme, où tout bouge au ralenti ; on dirait que les journées veulent s'étirer sur plus de vingt-quatre heures.

Mon ami a choisi la marche pour me parler de son enfance.

— Vous savez, si je me sens bien en compagnie des hommes, je crois que j'ai toujours privilégié la présence des femmes, et cela, depuis mon plus jeune âge.

Il sourit d'un petit air narquois, les lèvres un peu pincées. C'est le sourire somme toute réservé de la personne qui sait qu'elle a fait une révélation ou qu'elle vient de glisser un bon mot, mais qui se garde de trop afficher sa satisfaction.

— La première de ces femmes qui m'ont marqué... j'en ai connu un certain nombre, vous savez, mais tout de même pas trop...

Ses yeux pétillent ; son sourire est espiègle, comme pour dire « Vous savez ce que je veux dire, n'est-ce pas ? », mais je préfère ne pas répondre. Je me suis engagée à l'aider à retracer son enfance, pas sa vie amoureuse.

— Je disais donc que la première de ces femmes, évidemment, c'était maman. C'est sans conteste la personne qui m'a le plus aidé à forger ma vie.

Il s'arrête, regarde distraitement les véhicules défiler devant nous.

— Maman m'a au premier chef légué sa peau lisse.

— Je me souviens d'ailleurs que vous avez vous-même toujours soigné votre peau à l'aide de crèmes hydratantes et de lotions fines.

— Vous n'avez donc pas gardé que de mauvais souvenirs ?

Je contemple son visage; je remarque les légères rides que même les meilleurs produits ne sont pas parvenus à prévenir. Bernard ne s'en vante pas trop, mais il est depuis longtemps abonné aux soins de dermocosmétique. Il relève le menton et se caresse la joue de la main.

— Maman m'a aussi initié à la vie pendant que nous faisions de longues promenades dans le quartier. D'ailleurs, c'est ce que nous ferons, vous et moi, au cours des prochains jours.

Je me prends à nous examiner. Je compare discrètement nos tenues vestimentaires. Bernard et moi formons un couple disparate, alors que nous marchons sur le trottoir de la rue Des Meurons. Mon ami a toujours été d'une élégance naturelle. Je sais cependant que sa discrétion est savamment étudiée. Nous sommes vêtus avec une certaine distinction, lui en habit safari ajusté par son tailleur pour qu'il tombe parfaitement; moi en tenue plutôt neutre. Bernard fait bien attention de ne pas froisser ni tacher ses vêtements. À l'occasion, d'un air qui se veut distrait, il passe la main sur sa manche pour enlever un peu de poussière. Pour ma part, avant d'aller à sa rencontre, je me suis changée plusieurs fois. En me regardant dans le miroir, je me suis souvenue de cette première nuit d'amour avec Bernard. Nous étions dans une chambre d'hôtel. Je n'aimais pas mes seins à cette époque, je les trouvais trop petits. Bernard avait trouvé les mots, la manière pour me rassurer. Ce matin, j'ai choisi un maquillage discret, des vêtements amples qui ne révèlent pas trop mon corps. On dit pourtant que je ferais encore l'envie de femmes bien plus jeunes que moi. Bernard aimait répéter que la beauté n'a pas de corps, mais je sais que c'est de la frime : les apparences lui sont primordiales. Pour moi, la visite de Bernard ne se prête pas aux jeux de la séduction. Je m'habille en conséquence.

Ce n'est cependant pas tant la tenue vestimentaire que l'âge qui nous sépare. Son âge, le mien, ça nous a empêchés de vivre notre relation au même degré, avec la même intensité. Nous en étions conscients, mais n'en parlions jamais. J'avais vite compris que Bernard préférait ne pas aborder cette question. Il ne voulait pas non plus parler de nos attentes quant à notre relation. Il disait qu'il ne servait à rien de toujours épiloguer. Pour ma part, j'aurais voulu en savoir plus sur ses intentions. Mais il ne répondait pas. C'est sans doute pour ça que j'ai fait mille efforts pour lui plaire.

Un jour, dans ce qu'il appelle, par nostalgie, *une vie antérieure*, Bernard m'a demandé de le tutoyer : « Cela me ferait le plus grand bien que vous provoquiez ce rapprochement. » Nous nous sommes essayés au tutoiement, mais en vain. Bernard disait, d'un air résigné : « Le *vous* drape le *tu*, comme une chape liturgique. Notre présence nous est trop précieuse, presque solennelle. » Il ajoutait, par fatalisme : « Même à distance, par écrit, le pronom à la deuxième personne du singulier s'incline devant le verbe, qui s'obstine à se conjuguer au pluriel. » J'ai cependant franchi un grand pas, puisqu'au début, lorsque nous avons fait connaissance, je l'appelais *monsieur Bernard*. Cela l'irritait passablement. Avec d'autres, ce titre le faisait sourire d'orgueil.

Bernard glisse sa main sur mon bras, comme le ferait un père avec sa fille. Je frissonne. J'ai perdu l'habitude qu'il me touche. Il a deviné que je ne l'écoutais qu'à moitié.

— Ma jeune amie, vous voguez vers les cieux d'un temps révolu. Ce n'est pas nécessairement une bonne chose.

— Oui, je sais. Ne vous en faites pas, mais c'est un peu à cause de vous, n'est-ce pas? Je dois revenir sur le passé pour votre biographie.

Il me caresse le doigt, c'est une habitude qu'il avait prise pour me rassurer. Je le laisse faire. Je ne permettrais à personne d'autre de me toucher de cette façon. Il reprend sur un ton plus philosophique, comme s'il se parlait à lui-même :

— Il vient un temps où l'on doit faire face à la vie de façon plus contemplative. L'observer, comme une ombre, le soir, de l'autre côté de la fenêtre. L'image qui nous est retournée est parfois celle que réfléchit un miroir au tain élimé. Vous comprenez, n'est-ce pas?

Je souris pour indiquer que je comprends, même si je ne suis pas certaine à quoi tout cela rime. Il me couve d'un regard chaleureux.

— Ne vous cassez pas la tête, ce n'est pas grave, tout ça va bientôt s'éclaircir.

Il balaie la main devant lui d'un large geste, de façon élégante, mais avec une certaine fermeté, en murmurant :

— Vous verrez bien.

Ses yeux noisette prennent un air rêveur alors qu'il revient à son récit.

— De maman, j'ai aussi hérité l'amour de la langue bien parlée. De la langue française, bien sûr. La langue de ses ancêtres, qu'elle prétendait vaguement aristocrates en Europe. Je crois que c'est ce qu'elle aurait voulu, être une vraie *Française de France*, plutôt qu'être née dans un petit bled perdu quelque part entre le grand lac Winnipeg et le lac Winnipegosis. Son père venu de Bretagne avait eu la folle ambition d'y construire un hôtel de prestige dans la forêt, près d'une réserve autochtone et d'un camp de bûcherons. Maman évoquait parfois Chartres, Tours, Lyon, même Versailles, ce qu'aurait pu être sa vie, en d'autres temps et circonstances. Ces circonstances la privaient de son dû, de son destin qui se reflétait dans le prénom que son père lui avait donné, Marianne. Une Marianne coiffée du bonnet phrygien rouge de la liberté, de l'égalité et de la fraternité de la vieille Europe. Dans cette veine, maman m'apprenait le *bon parler*; elle me disait d'éviter « la parlure du terroir de l'autre côté de ta famille ». Ce n'est que beaucoup plus tard que j'ai compris que le mot *terroir* peut aussi être noble.

Je pense à ma propre famille. Des images de ma mère me viennent à l'esprit. Ma mère, rieuse, dominante, à la poitrine généreuse, qui me reprochait mon apparence physique. Ma mère aurait voulu que j'aie ses rondeurs d'Italienne : « Pas d'seins, pas d'fesses, pas d'hanches, un vrai p'tit gars. Et puis le teint pâle, comme si t'avais passé ta vie dans le fond d'une mine. » Parfois elle ajoutait : « Comme Phil-le-fil, le maigrichon moustachu de Pointe-Gatineau. » J'ai vite compris que le maigrichon, c'était mon père, et que le commentaire n'était pas un compliment. J'ai aussi déchiffré que Phil était parti vivre ailleurs, et que Maria espérait que ce fût le plus loin possible. Mon père avait insisté pour me donner un prénom français : « Marjolaine, ça sonne comme il faut. » Mais pour ma mère, je serais toujours Antonella. Elle levait fièrement la tête, sa manière de dire : « Regarde mon beau teint olive d'Italienne. » Elle voyait ma maigreur comme un mauvais souvenir de mon père et me servait d'énormes portions de pâtes en me sermonnant : « Vide ton assiette, espèce d'échalote. »

Bernard s'est arrêté de parler. Il me regarde. Certains jaloux se moquent parfois de lui, jamais de face, toujours dans son dos. Bernard a le bras long. Il sait habilement se faire justice, sans qu'on s'y attende et sans qu'on puisse prouver quoi que ce soit. En affaires, sa devise est : « Ce n'est pas suffisant d'être aimé, même bien. Il est préférable d'être craint, même haï, ça impose le respect. » On dit qu'il est pédant, que son langage est précieux. Des *p'tits Joe Connaissant* affirment qu'il parle comme un roman de Marcel Proust, évidemment en ne connaissant de Proust que le titre *À la recherche du temps perdu*, qu'ils ont aperçu quelque part et qu'ils brandissent comme le certificat de leurs connaissances. Pour ma part, je crois que si Bernard s'exprime avec élégance, c'est parce qu'il a passé sa jeunesse à fréquenter les bibliothèques plutôt que les terrains de baseball. J'ai toujours été impressionnée par l'étendue de son érudition, par son langage recherché, même si ce détail, tout comme notre différence d'âge, nous sépare.

Bernard ralentit le débit, pour me ramener à notre conversation.

— Lorsqu'un frère ou une sœur de mon père y allait d'un « toé pis moé » bien appuyé d'un juron, maman réagissait en sourcillant. Elle s'efforçait de retenir un commentaire désobligeant sur la condition sociale que mon père lui imposait.

— Alors, si je comprends bien, on ne roulait pas sur l'or chez vous.

– Disons que nous n'étions ni pauvres ni riches. Nous faisions partie de ce qu'on appellerait aujourd'hui la basse classe moyenne. Mais maman était de nature généreuse. À défaut d'argent, elle m'a légué le souci du détail et du devoir accompli. Elle m'a aussi appris les bienfaits de la marche ; la marche salvatrice ! Cet exercice auquel je m'adonne encore… bien qu'un peu plus difficilement aujourd'hui.

– Vous savez, Bernard, nous vieillissons tous. Plein d'autres personnes sont plus mal en point que vous.

– Oui, vous avez sans doute raison. Mais c'est de moi que je parle, pas des autres.

– Allez, allez, vous parliez de vos marches.

– C'est bien ça. Au cours de nos randonnées, maman avait pris l'habitude de parsemer son discours de proverbes. Elle enchaînait les dictons, dans un genre de litanie religieuse. Écoutez bien.

Mon ami s'arrête le long du trottoir. Il bombe le torse.

– A beau dire qui vient de loin !

Il reprend son air digne. Je me place légèrement en retrait pour mieux observer la scène.

– Dans un élan d'optimisme, maman disait parfois, le matin, en nous servant le petit déjeuner : « À chaque jour suffit sa joie », comme pour conjurer le sort, surtout face à mon père qui grommelait, souvent, les yeux rivés à son assiette. Elle a longtemps privilégié « Impossible n'est pas français », sauf les fois où, en regardant mon père avec dépit, elle soupirait : « À l'impossible nul n'est tenu. »

Je me souviens tout à coup d'un autre adage. Un jour, il y a de cela plusieurs années, alors que mon ami révisait mon travail, il a souligné d'un ton sec : « Ce qui vaut la peine d'être fait vaut la peine d'être bien fait. » Puis, voyant mon air blessé, il s'est excusé : « On ne peut faire d'excès de galanterie envers les femmes. »

Bernard affiche un air gêné devant les quelques curieux qui se sont arrêtés pour l'écouter. Il sourit, entendant sans doute les échos de la voix de sa mère.

— Les adages rattachaient maman à ce qu'elle aurait voulu être. Je crois bien que ces proverbes me lient encore à elle. À ce que nos vies, tant la sienne que la mienne, auraient dû être. J'espère avoir, du moins à ma façon, réalisé les rêves dont la vie l'a privée.

Il réfléchit, puis reprend vigueur.

— Alors puisqu'il est question de marche, ne perdons rien de notre précieux temps, c'est une denrée rare. Vous verrez, vous aussi.

Nous nous regardons.

— Je dois laisser s'éveiller les souvenirs que j'ai trop longtemps forcés à la somnolence. Les apprivoiser. Les accepter tels qu'ils sont pour qu'ils deviennent pleinement miens.

Il se frotte les mains l'une dans l'autre comme si c'était celles d'un être cher.

— Aussi, je dois bientôt m'en retourner chez moi, *dans l'Est*, comme disait maman.

— Je sais, là où vos affaires vous attendent.

— Du moins pour maintenant. Après, je verrai. Un jour, je pourrai sans doute tourner la page sur toutes ces velléités.

— Vous ne seriez pas un brin nostalgique ?

Pour toute réponse, Bernard dit qu'il ressent une soudaine fatigue.

— C'est comme le coup de pompe du cycliste. Ça peut arriver à tout moment. Je ne sais pas, c'est peut-être de l'hypoglycémie ou quelque chose du genre. Je devrai sans doute me résigner à consulter un spécialiste.

— Mais c'est peut-être seulement la fatigue du voyage ?

Il hausse les épaules et me donne congé en me faisant la bise. Mon ami ajoute qu'il retournera tranquillement vers son auberge. Il me salue de la main.

— Allez, à demain, belle dame. Je vais vous amener tout au bout de la petite rue de mon enfance. Je vais vous faire découvrir mon refuge. J'ai vécu de longs moments de ma jeunesse sous la voie ferrée qui enjambe la petite rivière Seine.

Bernard a toujours aimé entretenir le mystère. En retournant chez moi à Winnipeg, je me demande quelle surprise il me réserve au bout de la rue Deschambault.

3

Après avoir quitté Bernard, je suis allée chercher mon fils William à son école primaire de Winnipeg. Nous avons mangé en tête-à-tête. Ensuite je l'ai aidé à faire ses devoirs. Nous nous sommes raconté notre journée respective; c'est une habitude que nous avons prise lorsque son père et moi nous sommes séparés, il y a quelques années. Mon ancien conjoint est pilote d'avion de chasse dans les Forces canadiennes. Il s'appelle Martin-Marie Latrémouille, mais il préfère se faire appeler «Marty», ça fait plus sérieux pour un soldat, paraît-il. Lorsque je l'ai rencontré, Marty arrivait à Winnipeg après avoir été muté de la base de Bagotville, au Québec. Quelques années plus tard, il a voulu que je le suive avec William à la base de Cold-Lake, dans le nord de l'Alberta. Ce déménagement serait bon pour sa carrière: «Ça me prend une troisième barre sur mes épaulettes si je veux être quelqu'un dans les Forces.» J'ai dit que Cold-Lake portait bien son nom et qu'un aménagement dans le fin fond des bois ne serait bon ni pour notre fils ni pour moi. Marty n'a pas trop insisté.

Il avait établi ses priorités de vie, moi les miennes. À ma grande surprise, notre fils ne s'est pas vraiment ennuyé de son père. En fait, William est fier de pouvoir dire que, depuis la séparation, nous formons, lui et moi, une famille moderne, «comme mes amis à l'école».

Maintenant que mon fils est couché, je me prépare une tasse de thé rooibos; cette infusion d'Afrique du Sud accompagne souvent mes moments de réflexion. Je m'installe devant l'ordinateur pour consigner mes impressions de cette journée de retrouvailles. À ce stade-ci, il est trop tôt pour choisir un thème ou une forme pour aborder le récit. Ces questions doivent attendre.

Je demeure de longs moments assise, les doigts figés sur les touches du clavier. Les mots ne viennent pas. Pour trouver l'inspiration, je parle à voix haute, tout en tapant à l'ordinateur ce qui me vient à l'esprit. Je regarde la pièce.

Les feuilles de mes plantes, le long de la fenêtre, ont bruni; elles sont fendues et pliées sur les bords de leurs pots. Mauvais terreau, trop d'eau, pas assez d'ombre ou trop. À l'évidence, je n'ai pas le pouce vert. Bernard, qui ne se tracasse pas avec ce genre de détails, dit qu'il y a certains avantages à avoir des bonsaïs et des cactus. Je ne devrais plus me compliquer la vie avec des plantes qui exigent trop d'attention.

Cet engagement à aider Bernard m'enthousiasme; il m'inquiète aussi. J'ai cru notre relation amoureuse bien révolue. Je n'ai voulu garder de nos amours que les aspects positifs. Avant sa venue ici, je croyais être parvenue à passer à autre chose. Lorsqu'il est arrivé à Winnipeg, Bernard a dit qu'il déplorait sa façon d'agir, mais ce n'était que du bout des lèvres. Je sens qu'il voudrait en dire plus, mais qu'il se retient. Au début, à la gare, nous étions embarrassés l'un face à l'autre. Nous avons hésité. Il faut parfois laisser s'écouler beaucoup de temps pour permettre à une relation amoureuse marquante de se transformer en amitié. Dans notre cas, ce n'est que maintenant, après plusieurs années, que Bernard tente un rapprochement. Il a toujours gardé ses distances. Je suis aussi hésitante auprès de lui parce que je ne sais pas s'il est capable de vivre une véritable relation d'amitié avec une femme. Bernard ne parle que de sa vie, pas de la mienne ni de la nôtre. Les humains – surtout les hommes – s'efforcent de se compliquer la vie.

Il se fait tard. Mon quartier d'Osborne Village est devenu plus calme. La circulation dense d'il y a quelques heures s'est apaisée. De la fenêtre à l'étage, j'aperçois quelques fêtards qui sortent d'un bar et se rendent à leurs véhicules; les lampadaires jettent des ombres sous leurs pas. William dort du sommeil du juste. Je lui fais la bise. Je décide d'aller me coucher. Une légère pluie de début d'été rafraîchit l'air. La nuit me portera peut-être conseil avant que j'aille rejoindre Bernard, demain matin. Il a dit: «Dans le refuge où j'ai enfoui mon enfance.»

4

– Bienvenue dans ma caverne!

Bernard ne se préoccupe pas du vacarme que le train fait en roulant lourdement au-dessus de nos têtes. Mon ami ne perd jamais contenance et n'élève que rarement la voix. Un jour que je m'étais emportée pour un rien, il s'est approché de moi: «Vous connaissez l'histoire de la main de fer dans un gant de velours?» Bernard peut parfois être bourru avec les hommes, mais il s'efforce de faire preuve d'extrême gentillesse avec les femmes. Pour lui, un homme ne peut pas se réaliser pleinement s'il ignore la femme.

Bernard fixe le dessous des traverses de la voie ferrée qui surplombe la Seine.

– Je suis parfois envahi par le sentiment que cette époque, ma jeunesse, n'a été qu'une illusion. Tout ailleurs me semblait plus beau, plus grand. Une autre vie, n'importe laquelle, m'interpellait.

Il parle, comme à lui-même, d'une voix empreinte de nostalgie.

— C'est ici, sous le pont des trains, que je me réfugiais pour lire et écrire, ou tout simplement pour réfléchir, à tout et à rien, à ce que la vie aurait à m'offrir et à ce que moi, j'en ferais. Je me préoccupais déjà de réaliser mes rêves d'enfant. Je ne voulais pas me contenter de les enterrer dans la médiocrité comme tant d'autres autour de moi, y compris mon père, l'ont fait. Mon désir était de choisir une voie qui me sortirait de mon pétrin d'enfant blessé.

Je suis appuyée sur un bloc de béton. Mon ami demeure un peu à l'écart; il ne veut pas salir ses vêtements. Il pointe l'index de la main droite.

— Regardez ces castors nager. Le plus gros, celui avec une branche entre les dents, il me rappelle l'aîné, Dimitri, le demi-frère né d'un premier lit. Les deux qui suivent à la nage sont les deux autres frères, Ivan et Alexeï, le benjamin. On dirait qu'ils nous examinent.

Bernard devient songeur.

— Je me demande si ce sont les mêmes castors qu'auparavant. Ce serait beau, même si, en réalité, je sais que c'est impossible, après plus d'un demi-siècle. N'est-ce pas? Que ce soit les mêmes castors adoucirait peut-être le passage du temps. Du moins, il me semble.

Je souris en le voyant mâchouiller un brin d'herbe. Ce n'est pas son genre, d'habitude. À une autre époque, il m'aurait fait des reproches si j'avais posé ce même geste. Aujourd'hui, il a repris les airs d'un garçon perdu dans ses rêves.

— Je leur avais donné les prénoms des fils de Fiodor Pavlovitch. Vous savez, les frères Karamazov. J'ai passé de longs moments étendu ici à rêvasser. J'observais ces animaux nager autour de leur hutte, fortifier leur barrage le long de la petite rivière. Ils semblaient se réjouir lorsque je les appelais : « Viens, Dimitri ! Allez, Ivan et Alexeï ! Venez me voir ! »

J'observe mon ami étendre le bras comme s'il lançait des bouts de pain rassis vers les castors. Son élan est gracieux. Il se déplace comme un maître de tai-chi. En ce moment, toute son attention est portée vers les castors.

— Alexeï était mon préféré, sans doute parce qu'il s'attardait plus longtemps que les autres auprès de moi et que ce vieux bougre de Fiodor devait revenir et, d'un coup de museau, le faire avancer. C'est en leur compagnie que, jeune adolescent, j'ai trouvé refuge et réconfort dans les sombres récits de Dostoïevski.

— Alors, ces castors étaient comme des compagnons ?

— Oui, vous avez bien raison. Dimitri, Yvan et Alexeï ont été mes seuls confidents au cours d'une longue période de turbulence. Cela pourra vous paraître étrange, mais je n'ai pas connu de meilleurs amis que ces petites bêtes pendant toute mon enfance.

Bernard grimace. Il se tourne lentement tout en se massant le coude.

— Pas drôle, vieillir, pas drôle. Nos anciennes blessures nous rappellent le passage du temps. Nos petits bobos de jeunesse ressuscitent avec une vigueur insoupçonnée. Ce mal de coude, c'est une ancienne blessure de collège. Elle n'a pas été soignée, sauf par le *ramancheur* du boulevard Provencher... dont la pratique n'avait rien de très professionnel. L'arthrite s'y est insidieusement infiltrée. Certains jours, on se sent comme un jeune homme prêt à affronter toutes les intempéries. On recherche l'adversité pour mieux la surmonter, puis soudainement, un matin, on se lève, avec un indéfectible sentiment que notre corps nous rejette du revers de la main, sans formalité, sans la moindre gratitude, qu'il en a marre de nous, qu'il veut passer à autre chose, à une relation avec quelqu'un d'autre... Vieillir, la césure entre le vouloir et l'être.

— Mais vous n'êtes pas vieux, Bernard.

— Oui, je sais, je ne suis pas encore un vieillard. Mais j'ai quand même vieilli. Plus j'avance, plus je pense au passé. Il n'y a pas d'âge pour faire le point sur sa vie... même s'il me semble que mes bilans se font de plus en plus nombreux.

Je voudrais lui dire que je me suis moi-même souvent remise en question, surtout après mes échecs amoureux, mais Bernard ne m'en laisse pas l'occasion.

— Ne craignez rien, Marjolaine. Je demeure le valeureux guerrier que vous avez connu. Après tout, ça ne mènerait à rien de bon, s'apitoyer sur le sort d'un preux chevalier, même s'il se sent parfois diminué.

Mon ami réfléchit.

— La roue tourne.

— Il faut suivre le rythme de la vie.

— Regardez la rivière, Marjolaine. Le niveau de l'eau n'est plus le même. Quelqu'un, peut-être Margaret Atwood, a écrit: « *It's not just climate change, it's everything change.* »

— Tout est en constante évolution.

— Oui, nous aussi, nous devons l'être.

Le ronronnement d'un avion trouble notre quiétude. Bernard se penche, ramasse une brindille. Il esquisse quelques traits dans la terre sablonneuse, ensuite un X, puis une série de lignes minutieusement dessinées. Je l'observe en attendant ses explications.

— Ce sont davantage les lieux que les personnes qui me lient à mes origines. La redécouverte des espaces me permettra peut-être de retrouver la conscience de mon enfance. De mesurer la force de ces liens.

Bernard m'invite à regarder le dessin sur le sol.

— Regardez, Marjolaine. Nous sommes donc ici, sur les berges de la rivière Seine. C'était à l'extrémité de mon territoire. Vous voyez ce cours d'eau? Ce n'est en réalité qu'un gros ruisseau. À l'époque de mon enfance, je croyais qu'il s'agissait d'une rivière de grande importance.

— C'est vrai qu'elle n'est pas très large, mais j'imagine que pour un garçon elle devait le paraître...

— ...mais c'est que c'était ma Seine, après tout! L'unique, la véritable! L'autre, la lointaine, n'était qu'une abstraction, une pâle copie dont je préférais ne pas entendre parler.

D'un sourire, je l'encourage à continuer. Bernard trace de nouveaux traits sur la terre.

— Si nous poursuivons plus à l'ouest, nous parcourons la rue Deschambault de tout son long. Même aujourd'hui, cette rue ne compte pas plus de deux douzaines de maisons.

— C'est encore une petite rue paisible, bordée d'arbres. On peut entendre le vent glisser dans les feuilles, le roucoulement des oiseaux.

— Vous avez bien raison, elle a conservé l'air bucolique qu'elle avait dans les années cinquante. On se sent couler dans l'indolence de pas distraitement posés l'un devant l'autre, sans autre but que celui de poser ce pas. On croirait que cette rue invite au recueillement.

Bernard dessine un autre trait.

— Ma rue Deschambault débouche sur la rue Des Meurons, qui traverse, de nord en sud, ce qui constituait alors mon espace de vie. Suivez bien ces lignes. Mon territoire allait de la rue Marion jusqu'au boulevard Provencher, puis au-delà de cette artère pour s'éloigner plus loin, aux extrémités du parc Whittier. Dans l'autre sens, mon village s'étendait de la petite Seine jusqu'à la grande rivière Rouge, en face de l'embouchure de la rivière Assiniboine. L'épine dorsale se situait le long de l'avenue de la Cathédrale, que jalonnent de part et d'autre l'Académie Saint-Joseph, l'école Provencher, le parc du même nom, la bibliothèque municipale, le collège, un peu à l'est, le Jardin de l'enfance et, tout au fond, la majestueuse cathédrale, devant la rivière Rouge.

— Mais pour un garçon, ce devait être une grande distance à parcourir!

— Oh non, bien au contraire. En tout, il ne me fallait pas plus d'une demi-heure pour traverser ma petite bourgade à pied, du nord au sud ou d'est en ouest.

Il s'arrête, réfléchit. Ses souvenirs revenus, Bernard reprend sa chronique.

— Alors, passé ces frontières, se trouvait ce que j'appelais le « Pays de l'ailleurs », une *terra incognita*, un lieu sans contours qui ne m'était d'aucun intérêt. Cet ailleurs avait pour nom Winnipeg, que, le dimanche, du parvis de la cathédrale, nous pouvions apercevoir de l'autre côté de la rivière Rouge. Winnipeg, dont nous ne pouvions ignorer l'existence, mais qui, pour nous, ne constituait pas un attrait. Les prêtres et les religieuses nous servaient de rempart contre les assauts de la majorité anglophone, de sorte qu'à l'intérieur des murs imaginaires de notre cité, nous vivions sans nous soucier « des autres », « ceux de l'autre côté de la Rouge », les protestants et les Anglais, les deux côtés d'une même médaille.

— On dirait que vous viviez dans un petit milieu à part, fermé sur lui-même.

— C'est que cet endroit, Saint-Boniface, était peut-être petit et isolé, mais c'était chez nous. C'est un peu tout ce que nous avions. Mes rêves ne convoitaient pas encore d'autres cieux que ceux qui m'avaient vu naître. À l'ombre des tourelles de la grande cathédrale, je me sentais à l'abri des intempéries. Plus tard, une fois la rivière Rouge franchie, je ne m'arrêterais pas : c'est comme si une force m'avait poussé à poursuivre mon trajet. Comme l'oiseau migrateur, j'ai survolé la capitale manitobaine. Pendant de longues années, je n'en ai conservé que d'équivoques souvenirs.

— Mais il y a, à Winnipeg, plusieurs quartiers intéressants. The Exchange, par exemple, et aussi Osborne Village, où j'habite.

— Oui, oui, je sais, je sais, ne vous offusquez surtout pas ! Je sais, tout ça a changé, mais à l'époque, Winnipeg ne m'interpellait pas. Comprenez que je le dis sans amertume ni animosité. C'était comme ça, sans plus. Devenu adolescent, je pouvais m'y rendre pour des motifs utilitaires. Vous savez, faire des achats dans les grands magasins, aller voir des films en anglais, reluquer les belles étrangères loin des questionnements de la famille et des voisins.

Sa voix devient plus enjouée.

— Vous ne pouvez pas vous imaginer combien on était prude, à Saint-Boniface!

— Oh mais, selon ma mère, c'était aussi comme ça à Montréal, à la même époque.

— Oui, elle avait sans doute raison, votre maman. Mais revenons à Winnipeg. Cette ville a finalement été un lieu par lequel il était possible d'aller ailleurs, une porte de sortie vers de plus larges horizons.

— Comme lorsque vous êtes parti vous établir à Montréal...

Je deviens distraite pendant que Bernard raconte. Je ne l'écoute que d'une oreille, frappée par sa ressemblance avec Jean Gabin. J'avais oublié ce détail. Du temps de nos fréquentations, Bernard me parlait parfois de ce comédien. Il répétait de sa belle voix grave quelques paroles d'une chanson de Gabin: *C'que j'ai appris, ça tient en trois, quatre mots: le jour où quelqu'un vous aime, il fait très beau.* Je ne savais pas qui était Gabin; c'était de son époque, pas de la mienne. J'ai vérifié. Sur les photos, j'ai retrouvé le même genre de bel homme aux cheveux fournis, le regard à la fois franc et doux, la même carrure. Une force tranquille. Un homme à l'élégance rustique.

— Le train a longtemps...

Mon ami s'arrête.

— Je suis désolée, Bernard. Je réfléchissais.

Il place un bout de branche sur le sol, puis il trace le mouvement de wagons qui suivent leur trajet sur des rails imaginaires.

— Le train a longtemps nourri les espoirs de braves pionniers dans ces contrées sauvages.

Mon ami fixe du regard les rails au-dessus de nous.

— Ma décision de prendre le train pour venir ici et pour retourner à Montréal n'est pas que symbolique.

Il se secoue, comme s'il sortait lui aussi d'un rêve, et me fait signe de lui prendre la main.

— Allez, Marjolaine, trêve de balivernes. Je vous en prie, aidez un homme qui réfléchit trop à se relever. Vous savez, la vigueur de votre jeunesse vous honore.

Auparavant, c'est lui qui, d'un geste galant, me tendait la main. Il se donnait un petit air affecté. J'étais charmée par l'élégance de sa courtoisie désuète : « Permettez », « Après vous, ma-dââme ». Les excès de familiarité avec les femmes, ce n'est pas pour lui. Ça ne conviendrait pas à sa conception de la société.

Bernard époussette soigneusement la terre sur son habit safari, puis, de façon affectueuse, il s'appuie sur mon bras alors que nous remontons la pente. Nous nous dirigeons vers la petite rue de son enfance. À notre droite, le sifflet annonce la fin du quart de travail pour les ouvriers de l'usine Westeel. Les castors glissent à la surface de l'eau. Derrière nous, soudainement, le sourd claquement répété de queues de castors signale notre départ. Bernard se retourne.

— À bientôt, mes fidèles amis. N'ayez crainte, ce n'est qu'un au revoir, nous allons revenir.

J'insiste pour le raccompagner à son auberge. Je ressens un petit pincement au cœur lorsqu'il me fait galamment la bise. Il me glisse mystérieusement à l'oreille :

— Au cours des prochains jours, je vous confierai les secrets de ma jeunesse. Vous allez être étonnée par les mystères que recèle une enfance vécue dans ce patelin.

Bernard se penche à nouveau vers moi et me refait la bise. Cette fois, ses lèvres s'attardent un temps sur ma joue. J'éprouve une tendresse équivoque qui ravive des souvenirs.

5

William est dans sa chambre, à l'étage. Il a voulu se coucher tôt parce qu'il participe demain à une sortie scolaire de fin d'année au parc provincial de Birds Hill. William aime la nature. Je ne sais pas d'où lui vient cet engouement, parce que, pour ma part, je suis à cent pour cent une fille de la ville. Le jogging sur les pistes le long des rivières Rouge et Assiniboine me suffit amplement.

Je me suis installée sur mon coussin de méditation face au mur blanc, dans un coin de mon bureau. Je ferme les yeux. Je tente de suivre le mouvement du souffle comme mon coach de pleine conscience m'a appris à le faire. L'air entre par le nez, il remplit les poumons, gonfle l'abdomen. Je me reprends. Je retiens mon souffle, puis j'expire. Je me concentre sur ma respiration, mais ça ne donne rien, je n'y arrive pas. Un crissement de pneus vient troubler mon recueillement. Je ne parviens pas à ramener mes pensées à mon souffle. Trop d'images s'entremêlent dans mon cerveau. On dirait un grésillement de friture. Je laisse tomber un «*Shit!*» pas très zen, mais bien senti. Ça ne fonctionne pas toujours comme on voudrait, la méditation. Il faut la laisser venir à soi, attendre le moment propice. La méditation est un cheminement, pas une fin. C'est un cliché qui demeure vrai, mon coach me l'a assez répété.

Je me rends sur le fauteuil au salon, devant la grande fenêtre en baie. Je place mon ordinateur portable sur mes genoux. Je ne parviens que difficilement à transmettre les mots au clavier. Je pianote sur l'accoudoir du fauteuil. C'est sans doute en brossant un tableau impressionniste que je vais parvenir à mieux cerner les confidences de Bernard. C'est en écrivant qu'on trouve l'inspiration. Je me concentre. J'arrive à rassembler quelques idées. Je les transpose sous forme d'observations; elles me serviront plus tard à la rédaction de la biographie de Bernard.

> J'étais intriguée lorsque je l'ai accueilli à la gare de Winnipeg. Bernard a maintenant le dos un peu voûté et il marche plus lentement. Ses cheveux sont blancs. Tout ça ne l'empêche cependant pas d'être aussi élégant que lors de nos fréquentations. Je dirais même que ce vieillissement lui donne un air d'aristocrate.
>
> Lorsqu'il s'est glissé devant moi dans le grand hall de la gare, il a eu un geste galant, du genre qui fait ressortir son charme. Je connais bien ce subtil envoûtement qui a fait succomber plus d'une femme. Il a dit, tout simplement:
>
> – Je vous ai apporté un petit quelque chose... en hommage à la femme que vous êtes.
>
> Il s'est penché sur sa valise et en a ressorti un objet. Il m'a tendu une boîte mince et rectangulaire. J'ai écarquillé les yeux pour dire: «Qu'est-ce que ça peut bien être?», mais c'était peut-être aussi un genre de «Vous n'auriez pas dû» qu'on se

sent parfois obligé de dire. J'ai soupesé la boîte, elle était légère. Il a dit:

– Allez, ouvrez. Je crois que vous aimerez.

Je n'ai pas pu me retenir de rapidement défaire l'emballage. Il a glissé, tout bas:

– Un petit souvenir que je vous ai rapporté de Nice.

Il a dit ça de façon presque banale, comme si ça allait de soi de faire un détour par le sud de la France pour chercher un cadeau.

– Oh, mon dieu, qu'il est beau… et doux.

– Même à cette autre époque, vous raffoliez des foulards… vous vous souvenez?

J'ai pris le tissu dans mes mains, je l'ai admiré, puis je l'ai passé sur ma joue pour sentir la douceur de la soie.

– Un carré Hermès, bleu et jaune. Vous vous êtes souvenu de mes couleurs préférées. Mais c'est trop, vous me gâtez.

Il a tendu la main pour reprendre le foulard et l'a enroulé autour de mon cou avec doigté, comme tout ce qu'il fait. Il a effleuré ma peau délicatement. Ensuite, il a reculé de quelques pas pour m'admirer.

– Vous me faites penser à un tableau que j'ai découvert récemment au Art Institute of Chicago. Je ne me souviens plus du titre de l'œuvre ni même du nom du peintre, mais c'était quelque chose de remarquable, de tout à fait romantique. Ça me reviendra, éventuellement…

Je relis le dernier passage. Je ne peux m'empêcher de sourire parce que je crois que cette scène résume bien le personnage: Bernard est un homme élégant, cultivé, distingué, séducteur. Mais il cache ses sentiments. Il s'assure qu'on ne transperce pas sa muraille. C'est un homme qui n'a rien perdu de son charme, mais dont l'âge a rendu le pas plus hésitant. Sa main tremblait un peu lorsqu'il a déposé le foulard sur mes épaules. Moi aussi, j'ai frémi en sentant ses doigts frôler mon cou.

Le temps file. J'ai peu écrit ce soir. Je constate que ce que j'ai écrit tient davantage du journal personnel que de la biographie. C'est sans doute un indice que je devrai, moi aussi, revoir ma vie, les années qui défilent plus vite que je l'aurais cru. Ma mère me disait: «Profite bien de la vie, ça passe tellement vite.» Aujourd'hui, je me surprends à répéter la même chose à mon fils William. À vrai dire, je veux peut-être poursuivre ce projet d'écriture tant pour moi-même que pour Bernard. Je devrais y réfléchir. Mais ce sera pour une autre fois. Mes paupières sont lourdes de fatigue. Je murmure: «*Not tonight, Lady M.*» en rangeant mon ordinateur.

Je décide de me coucher tôt, ce soir. Je sens que je vais bien dormir. Je siffle quelques notes de musique, en me préparant pour la nuit. Je m'arrête sur le pas de la chambre de William. Mon fils s'est endormi le sourire aux lèvres, comme le font les enfants qui n'ont pas encore été happés par la vie. Il rêve sans doute aux sentiers et à la plage du parc de Birds Hill.

Pour la première fois depuis que je suis allée le chercher à la gare, j'ai hâte de retrouver Bernard. Je prends goût à l'accompagner. Il m'a répété que ses paroles me permettront de mieux comprendre l'homme qu'il est devenu, avant de brosser un tableau plus fidèle d'une époque révolue. Il a ajouté: «Si vous écoutez bien, vous saisirez les nuances sous-jacentes à mon récit. Au début, ce que je vous dis pourra vous sembler n'être qu'une suite d'anecdotes isolées les unes des autres, puis vous verrez que ces faits vont s'enfiler comme les perles d'un collier.» Je me suis montrée enthousiaste: «J'ai bien hâte d'entendre ces histoires!» Mais Bernard s'est empressé de me faire une mise en garde : « Oh, mais ne soyez pas surprise si ce collier ressemble parfois à un cilice aux pointes acérées. La vie m'a appris que la vérité ne se trouve pas dans les grands principes philosophiques, mais plutôt dans les faits et les gestes de tous les jours, les faits agréables comme les plus douloureux. » Bernard a pris un air sévère de professeur en début de semestre qui explique aux élèves comment il entend mener sa classe : « Surtout, surtout, ne tournoyez pas autour de moi avec un calepin ou un micro ! Ça ne ferait que me gêner, mon récit en souffrirait. Si vous devez prendre des notes, je vous en prie, que ce soit mentalement. Tentez surtout de saisir les impressions qui se dégagent de ce que je vous dis. » Je lui ai promis d'être attentive.

6

En cette matinée de fin du mois de juin, les rayons de lumière sont de couleur platine et vibrent des silences accumulés pendant la nuit. Les arbres veillent comme des campaniles; ils invitent les passants à admirer les fleurs le long du trottoir. C'est une journée d'été qui veut prétendre qu'il n'y a jamais d'hivers à faire craquer les os dans les grandes plaines canadiennes.

Lorsque j'arrive à l'endroit convenu, à l'angle des rues Des Meurons et Deschambault, Bernard m'attend – et «de pied ferme», tient-il à préciser, mi-figue, mi-raisin. Il aime l'humour britannique:

– Ça remonte à un incident plutôt cocasse de mon enfance. Je vais vous en parler bientôt.

Je le complimente sur son apparence:

– Vous avez des airs de noblesse, mais en plus affables.

Mes paroles lui plaisent.

– Alors, partons à la conquête de mon passé.

Tout autour de nous est paisible. Cela relèverait peut-être du cliché pour décrire le Vieux Saint-Boniface, mais on pourrait parler d'un hameau dont les fondateurs auraient pris pour modèles les tableaux de Norman Rockwell. On y retrouve le même sentiment d'innocente quiétude, le même genre de charme un peu suranné. Puis on se dit que ce portrait est trop parfait, que ce calme apparent doit bien camoufler des drames de la vie quotidienne. Sans trop savoir pourquoi, on y ressent un climat d'assurance trompeuse.

Alors que nous avançons sur le trottoir, la voix de Bernard coule dans le silence de Saint-Boniface.

– Les personnes, les choses, les événements souvent ne prenaient réellement vie que lorsque maman et moi en parlions, surtout en marchant. Maman aimait marcher. Elle prenait son temps afin de s'abreuver de son « milieu ambiant », pour reprendre son expression. Elle répétait : « Il faut être en harmonie avec la vie. » J'étais un garçon d'à peine six ou sept ans lorsque maman m'a transmis le goût de la marche. C'est de cette façon qu'elle m'a aidé à tracer mon avenir de randonneur. Maman profitait de nos sorties pour parfaire mon éducation. Elle montrait des objets du doigt, puis elle me questionnait : « Ça te fait penser à quoi ? » Je fixais une maison pendant de longues minutes. Au début, j'hésitais, puis je prenais confiance grâce à ses encouragements. Je tentais une réponse : « Celle à droite, avec les bardeaux noirs, on dirait la petite moustache du notaire Leduc. » Maman m'encourageait : « Bravo ! Quelle belle comparaison ! » Je n'attendais plus ses questions : « Là, le bloc à appartements, il ressemble à la tête carrée du sergent Cormier. »

– Bernard, vous permettez ? Le notaire Leduc, le sergent Cormier… ?

— Leduc, il était plus mince qu'une statue de Giacometti et c'était une personne plus fade que vous pouvez même imaginer. Mais Cormier, ça, c'était une autre histoire. Écoutez bien : il était plus grand que nature. Il était de ces hommes sortis tout droit de la légende. Tenez, par exemple, Cormier nous rappelait John Wayne. Je me souviens de son *crew cut*, la coupe en brosse militaire. Il aimait se vanter de n'avoir reçu qu'une formation très sommaire du travail de policier. « J'ai appris su' le tas » : tel était son gage de professionnalisme et sa garantie de résultats concrets dans ses enquêtes. Cormier reconduisait parfois mon père à la maison en auto-patrouille lorsque celui-ci avait trop bu. Les deux hommes s'entendaient comme larrons en foire. Ils chantaient parfois à tue-tête en se serrant par les épaules, Cormier en tenue de policier, mon père dans sa salopette de mécanicien imprégnée de cambouis. Maman disait que le sergent exerçait une bien mauvaise influence sur mon père, mais je ne crois pas qu'il ait eu à lui tordre le bras très fort pour l'inviter à lever le coude.

— À vous écouter, Cormier était tout un personnage.

— Ah, mais vous n'avez rien entendu ! Écoutez un peu, vous jugerez par vous-même.

Bernard se pince le lobe de l'oreille, pour souligner l'importance de ce qu'il va dire. Je souris en pensant à cette manie que j'avais oubliée.

— Cormier était Acadien. Il parlait une langue qui lui était propre, un dialecte qu'on ne parle nulle part, en Acadie ou ailleurs. C'était un patois personnel aux accents métissés de cajun et de *twang* western. En plus, il y ajoutait des néologismes de son cru. Cormier était parti de Grande-Anse, au Nouveau-Brunswick, pour aller faire fortune en Californie. Lorsqu'il est tombé sous le charme d'une serveuse d'un *diner*, le long de la Transcanadienne, sa quête de la ruée vers l'or s'est arrêtée ici, au Manitoba. L'explorateur n'a pas eu à aller plus loin pour trouver *la-celle que dans les yeux brillent les pépites d'or du Gold Rush*. Un jour, alors qu'ils étaient dans la cour arrière de notre maison, mon père a entonné quelque phrase tordue comme: «T'es bien chanceux, mon Crunch, que ta femme vient équipée avec des gros melons. Moi, j'suis pogné à coucher avec une planche à r'passer qui a deux piqûres de maringouins à la place. C'est pas ça, une femme, que j'te dis, sacrament!» Les deux hommes ont ri d'un rire gras. Ils ont cogné leurs bouteilles de bière l'une contre l'autre en signe de solidarité masculine. Je n'aimais pas cette façon de parler, surtout lorsqu'il s'agissait de maman, alors je suis parti, en claquant les talons. Ils ont trinqué à nouveau devant ma déconvenue.

— En effet, on dirait un personnage particulier. Mais vous disiez que ce Cormier était policier?

— Tout à fait, mais à sa façon bien à lui. Sa forte taille et ses gros bras faisaient de Cormier le candidat idéal pour voir au bon ordre dans notre petite ville pourtant bien tranquille. Mais comme disait monsieur le maire: «Y s'passe jamais rien asteure; mais vous le savez, vous, comment ça sera fait, l'avenir?» Le magistrat ajoutait: «La chance roule pas toujours du bon bord.» J'y reviendrai. Maman et moi pressions parfois le pas pour faire d'autres découvertes. Elle me questionnait: «Que penses-tu de ce toit?» Je m'arrêtais, me passais la main dans les cheveux. Une fois, j'ai dit: «Les côtés montent en angle, vers le ciel, mais le dessus est plat. On dirait un endroit idéal pour se cacher... comme chez nous. » Je l'ai regardée en souriant...

— ...mais elle a dû s'inquiéter de ce genre de remarque.

— Et comment! Cette fois-là, maman a froncé les sourcils, et elle a placé la main sur sa bouche à la perspective de me voir monter jusqu'au sommet de notre maison.

— Et surtout d'en retomber.

— Ah, ça! Puis, elle a marqué un temps d'arrêt et m'a couvert d'un regard consterné. Elle a fait les gros yeux en mettant les mains sur les hanches. Je l'ai rassurée que je ne ferais jamais une telle bêtise : « Franchement, maman! C'est pas le genre de chose qui me passerait par l'esprit, vous le savez bien! » Aujourd'hui, je peux avouer que je me suis souvent aventuré sur le toit plat de notre maison. Je me couchais sur le dos pour voir défiler les nuages tout blancs dans le grand ciel bleu.

— Vous vous entendiez bien avec votre mère, non?

C'est une question, mais la réponse se fait attendre. Bernard ressasse des souvenirs.

— Maman n'a jamais eu la mauvaise habitude de me parler de haut, en *bébé-la-la*. Elle jugeait sans doute que je saisirais graduellement la pleine portée de ses paroles. Elle m'incitait à poser des questions, à forger ma propre identité, aussi à cultiver une indépendance que, par la suite, j'ai jalousement chérie... Vous vous en êtes sans doute rendu compte?

J'acquiesce d'un mouvement de tête. Nous marchons quelques minutes lorsque, soudainement, il me regarde avec l'enthousiasme d'un petit garçon au pied de l'arbre de Noël, alors que nous arrivons devant un salon de coiffure moderne aux néons multicolores clignotant. Selon l'affiche, on y offre une multitude de soins de beauté pour les deux sexes. C'est alors qu'il se lance dans une nouvelle envolée :

— Ah, ce n'est pas comme avant. Rien n'est jamais comme avant, d'ailleurs.

— C'est normal, non ?

— Peut-être, mais ce n'est pas toujours rassurant... Toujours est-il que ça me rappelle quelques anecdotes savoureuses. Du temps de ma jeunesse, c'était un *barber shop*, comme on disait : Chez Pat's Barber Shop, du nom du propriétaire. *Big Pat*, comme tout le monde l'appelait familièrement, était toute une pièce d'homme. C'était un gros Irlandais qui parlait français avec un accent chaud et chantant. Il avait l'air bourru, mais un grand cœur. Son salon de barbier, « pour hommes seulement », était la chasse gardée des mâles de Saint-Boniface. Le salon avait deux grosses chaises de coiffeur. Quand nous y entrions, Pat lançait à mon père : « Hé, Frankie ! Installe le p'tit su' l'autre chaise, j'vas l'passer aux ciseaux pis au *clipper*. » Je regardais vers l'extérieur ; je fixais le rouleau aux bandes rouges et bleues tournoyer près de la vitrine pendant que Big Pat me coupait les cheveux.

Bernard me décrit ensuite la chaleur rassurante des sièges en cuir marron, les blagues grivoises du vieux Pat.

— Parfois, Pat et mon père, en certaines occasions accompagnés du sergent Cormier, allaient dans l'arrière-boutique. Ils revenaient plus tard, l'air guilleret, les joues rouges. Leur haleine puait l'alcool.

Mon ami ferme les yeux et se passe la main dans le visage en ricanant. Il revoit la scène.

— Big Pat fabriquait son tord-boyaux à partir d'une recette dont — heureusement! — lui seul avait le secret. On racontait que cette potion pouvait provoquer un état généralisé d'apoplexie. «Ces racontars-là, c'est de la bouillie pour les chats», rétorquait Big Pat, «pis j'pourrais le prouver n'importe où, n'importe quand, n'importe comment. *Name the time and place!*» On soupçonnait d'ailleurs que les expériences menées par Big Pat pour élaborer son *moonshine* expliquaient la disparition de plusieurs félins du quartier. Mais on ne le disait pas trop fort. Ces rumeurs faisaient partie des secrets bien gardés de notre petite communauté tricotée serrée.

Bernard m'explique que Pat lui faisait des cadeaux pour acheter son silence sur ces petites beuveries de «vrais hommes». Il ne voulait pas entacher sa réputation de barbier avec des histoires d'alcool frelaté.

— Pat m'offrait «su' l' bras d'la compagnie» une bouteille de boisson gazeuse. Je préférais le Dr Pepper… son goût me semblait plus exotique. Pour m'inciter à passer le balai, Pat me donnait aussi quelques sous noirs. C'était une petite fortune, à l'époque!

Nous nous assoyons sur un banc public devant l'ancienne boutique de Big Pat. Bernard étend les jambes.

— J'ai quelque chose de bien particulier à vous raconter.

Bernard se masse le cou pendant qu'il réfléchit à ce qu'il va dire.

— Disons que le personnage principal de mon histoire s'appelait Sicotte. Sicotte a été la victime d'un de nos jeux d'enfants.

— Ça prend toujours une victime dans un groupe de garçons. J'en sais quelque chose, j'ai eu des frères.

— Et pour ma part, je n'ai pas eu ce luxe… la vie a voulu que je sois le seul enfant chez nous… Bon. En hiver, mes copains et moi – nous étions d'habitude trois ou quatre –, nous nous cachions, le soir venu, tout juste à côté d'ici, le long du *barber shop*. Nous façonnions des balles de neige. Cachés dans un coin sombre, nous les lancions sur les véhicules qui passaient. Nous voulions ainsi reproduire les jeux de lancer de balles que nous avions vus au cirque ambulant, dans le parc Whittier. Le principe était le même qu'au cirque : la victoire revenait à celui qui touchait au plus grand nombre de cibles. Sicotte était le champion incontesté : ses balles atteignaient la portière à tout coup.

— Je peux juste imaginer le vacarme que ça faisait en frappant la tôle des voitures !

— En effet, c'était assez spectaculaire, et inutile de dire que les automobilistes étaient surpris.

— Surpris, oui, mais surtout fâchés, j'imagine. On le serait à moins.

— Ils s'arrêtaient pour évaluer la situation. Ils appréciaient les dégâts. Ils jetaient des regards à la ronde, se grattaient la tête, émettaient quelques jurons, surtout lorsque nous avions bosselé la carrosserie.

Je lui jette un regard étonné. Bernard adopte un air innocent.

— Que voulez-vous ? On profitait de ce moment de consternation pour déguerpir, toutes jambes au cou, sourire aux lèvres et cris de la victoire retenus dans la gorge devant la réussite de notre manège clandestin.

— J'ai l'impression que vous aviez de la graine de délinquant.

— Peut-être, mais en tout cas, notre manège n'a pas duré. Un soir, un conducteur plus futé que les autres a mis fin à nos espiègleries. Plutôt que de s'arrêter, il a poursuivi sa route. Puis il a éteint les phares de son véhicule et est revenu vers nous par la ruelle. Nous nous sommes tous enfuis à temps, sauf le pauvre Sicotte, qui a eu le malheur de trébucher sur une branche. Il est ensuite tombé aux pieds de l'homme, qui lui a donné quelques taloches avant de le conduire de force au poste de police. Le garçon a été accueilli par l'œil sévère du sergent Cormier.

— Je parierais que les choses se corsent ici.

— Vous allez voir. Le gros policier a renvoyé le plaignant. Il a promis de s'occuper du « p'tit criss de pisseux ».

Nous échangeons un regard. Celui de Bernard laisse entendre qu'il ne fait que citer les paroles du policier.

— Il faut savoir que le sergent Cormier se plaisait à se faire appeler par son sobriquet, *Crunch*. Crunch Cormier devait son surnom au bruit que faisait la tête des prévenus lorsque le policier les projetait contre la portière pour les faire entrer dans son auto-patrouille.

— Mais on dirait un cowboy des temps modernes !

— C'était surtout un shérif qui établissait ses propres règles. Crunch était de l'école qui veut que, lorsqu'on est investi d'un pouvoir, il est préférable de ne poser des questions qu'après avoir donné une bonne correction au présumé coupable. Il s'assurait ainsi que justice soit rendue au cas où, plus tard, un juge au cœur faible décidât de libérer un criminel : « Les juges, y sont trop allés à l'école, y se sont jamais frotté le nez dans la crasse des vraies affaires. *That's what I think and that's all!* », disait-il.

— C'est donc devant ce dur à cuire que le petit Sicotte s'est retrouvé ?

— Et Sicotte a trouvé le gros policier pas mal imposant avec ses deux pouces plantés de chaque côté de sa boucle de ceinture Roy Rogers. Le pauvre garçon s'est fait vertement sermonner : « Tu mérites une maudite grosse punition ! Un hostie d'coup d'pied au cul, *for Christ's sake !* Pis j'f'rais pire encore ! Si tu sais c'que j'veux dire ! C'est comme ça qu'on apprend à vivre. Mais t'es trop jeune pour que j'te *swing* une bonne fessée avec ma *strap* en cuir. C'est ben juste dommage ! *Anyway*, tu vas voir quessé qu'on fait avec des petits *bums* comme toi. On va t'apprendre à pisser drette. » Le gros sergent a alors conduit Sicotte au bloc cellulaire et l'a enfermé avec d'autres détenus. Le brave garçon n'était pas du genre à se vanter, mais il ne s'est pas gêné, le lendemain, pour dire à ses amis qu'il n'avait pas bronché devant ces menaces. Qu'il s'était simplement contenté de fixer le policier bedonnant droit dans les yeux.

— Mon Dieu, ce garçon a dû être traumatisé d'être enfermé comme ça avec de vrais criminels !

— En fait, à ce qu'il nous a dit, Sicotte trouvait amusant d'observer les autres dans leur cage commune, comme des extraterrestres.

— En tout cas, heureusement qu'aujourd'hui on ne pourrait pas enfermer un enfant avec des adultes.

— Admettons aussi que les délinquants à la prison de Saint-Boniface n'étaient que de la petite gomme, pas des tueurs en série.

— Pas de Mom Boucher ou de Charles Manson ici?

— Non, non, plutôt des ivrognes.

— Qu'on laissait sans doute dormir, le temps de dégriser.

— Voilà. Après quelques heures de détention, le sergent a conduit Sicotte à quelques coins de rue de chez lui. Il n'a pas manqué de lui faire la morale: «Recommence pas, pis ça va être *end of story*. Ou ben, ça va pas rester entre nous autres. *If you know what I mean.*» Ou quelque chose d'approchant. Sicotte, qui de toute façon n'était pas de nature grégaire, a peu à peu cessé de nous fréquenter. Il nous a laissés à ce qu'il a appelé nos «petits jeux». Il a préféré prendre de longues marches, seul ou avec sa mère.

Je ris, Bernard me retourne un sourire entendu, puis il m'invite à emprunter, sur notre gauche, l'avenue de la Cathédrale. Nous passons devant ce qui, du temps de son enfance, avait été l'Académie Saint-Joseph. Les grands chênes projettent un jeu d'ombres flottantes sur les murs et les fenêtres. Bernard pointe du doigt le grand édifice en pierre couleur de sable, de l'autre côté de la rue.

— Eh bien! À mon époque, c'était une école privée pour filles tenue par des religieuses. On dirait qu'elle a été transformée en résidence pour personnes âgées.

Un peu plus loin, à notre gauche, nous arrivons devant l'école Provencher.

— L'école publique pour garçons. On ne mélangeait pas les genres, dans ce temps-là. Les filles et les garçons, chacun de leur côté de la rue. Ça devait nous éviter de succomber aux tentations de la chair.

Bernard me regarde. Je ne réagis pas.

Nous arrivons à un petit restaurant. En ouvrant la porte, nous sommes envahis par des effluves de café, de tisanes et d'épices. Les bruits se marient en une joyeuse cacophonie : murmures de voix, pas de serveuses sur le vieux plancher de bois, rires, sifflement de la machine à espresso, tintement d'ustensiles.

— Sympathique, n'est-ce pas ? On ne trouvait pas ce genre de bistro de quartier lorsque j'étais jeune. Avant, c'était un petit dépanneur. Papa m'y emmenait parfois pour acheter quelques friandises après être passé chez Big Pat. Je choisissais des *petits nègres* en réglisse. Parfois aussi une Cherry Blossom avec l'argent que Big Pat me donnait. Vous savez, il fallait que j'en donne, des coups de balai, dans le *barber shop*. Pour un garçon, c'était cher, une boîte de Cherry Blossom !

La serveuse porte un hijab aux motifs fleuris. Elle nous accueille en anglais, puis, souriante, reprend en français lorsqu'elle nous entend parler. Son français est plus hésitant, mais correct. Elle nous invite à nous asseoir près de la fenêtre. Après un moment, Bernard lève le nez de son menu.

— Ne vous gênez surtout pas pour moi, prenez un verre de vin. Pour ma part, je n'y suis plus, le temps de bourlinguer est révolu. Je vais m'en tenir à de l'eau pétillante.

Je pense à ma mère en consultant le menu. La dernière fois qu'elle est venue me visiter au Manitoba, elle a dit, deux fois plutôt qu'une, que je faisais finalement honneur à mon héritage italien : « En tout cas, ma belle Antonella, en vieillissant, tu as pas mal remplumé. » Elle n'arrivait pas à sourire ni à porter son regard sur le mien. J'ai compris que c'était sa façon de s'excuser de m'avoir traitée de p'tit gars, de pas d'hanches, pas d'seins, pas d'fesses, mais surtout de m'avoir comparée à mon père inconnu. Je me suis approchée de ma mère, puis je l'ai serrée dans mes bras. Elle a murmuré : « Ma petite Antonella. » J'ai caché mes larmes dans ses longs cheveux blancs. Fière et forte comme elle l'était, ma mère n'a jamais pu comprendre qu'un enfant puisse se ronger les ongles d'insécurité et faire des crises d'angoisse. Avec elle, il fallait marcher la tête haute peu importe les circonstances. Maman est décédée quelques mois plus tard. Aujourd'hui, je surveille encore ma silhouette, mais d'une façon plus saine. Parfois, en me regardant dans le miroir, je revois cette scène qui s'est fixée dans ma mémoire comme une photo ancienne.

Je consulte le menu.

– Si nous commandions des salades ?

Bernard indique qu'il est d'accord en hochant la tête. Il écoute les conversations qui se font vives autour de nous. On passe d'une langue à l'autre dans un chassé-croisé continu, comme s'il s'agissait d'un parler hybride. Bernard murmure d'un air intrigué.

– On dirait qu'ils s'y retrouvent dans ce méli-mélo linguistique.

– On s'y habitue. Moi, j'entends plutôt de la musique dans ce croisement de langues. C'est comme une harmonie dans l'agencement des sonorités.

Un couple âgé examine le menu à l'aide d'une loupe. Ils suivent les mots du bout des doigts, les déchiffrant lentement. Un vieux monsieur en veston-cravate mange à petites bouchées ; il tient délicatement sa fourchette dans ses mains fragiles à la peau tavelée et diaphane. À la table d'à côté, deux dames à la peau très foncée, presque noire, parlent avec un fort accent africain. Bernard se penche vers moi et dit, à voix basse :

– Pour nous, les étrangers étaient les Anglais, les Ukrainiens, les Allemands. Je devais être en « éléments latins », à mes débuts au collège, lorsque pour la première fois j'ai vu une personne à la peau foncée. Nous pensions que les Noirs (que nous appelions innocemment des Nègres) vivaient en Afrique, dans le sud des États-Unis ou dans les livres de Tintin.

Nous terminons notre repas sans parler. Bernard insiste pour payer et dépose un généreux pourboire. Il me guide vers la sortie.

– Marchons. Je voudrais vous révéler certaines choses, très personnelles, sur mes parents. Je préfère en parler au grand air plutôt qu'entouré d'oreilles indiscrètes.

7

L'avenue de la Cathédrale s'est animée. Bernard parle doucement. Je sens dans sa voix l'étendue du respect et de l'admiration qu'il voue à sa mère.

– Il s'était développé entre maman et moi une franche camaraderie, peu commune entre une mère et son fils. J'étais son seul enfant, j'imagine que ça crée des liens bien particuliers. Il n'était pas rare que les gens se retournent sur notre passage. Les femmes souriaient de nous voir discuter en nous baladant main dans la main. Les hommes affichaient un regard plus qu'intéressé aux indéniables attraits de maman. Elle avait des cheveux bruns qui ondulaient autour de son visage ; ses cheveux enrobaient et mettaient en valeur ses traits fins. Ses yeux pers brillaient comme deux phares accueillants. Maman était du genre élancé et semblait marcher sur un épais tapis de feutre. Ses gestes étaient fluides ; ses mouvements étaient gracieux, comme si elle jouait d'un instrument de musique avec amour.

– Vous m'apprenez quelque chose. Je ne savais pas que votre mère était musicienne.

— C'est que maman était musicienne dans l'âme, mais justement, elle aurait voulu l'être réellement. Ça a d'ailleurs été l'une de ses plus grandes sources de regrets, que la vie l'ait privée de cette occasion.

— Elle n'a pas pu à cause d'un manque d'argent?

— L'argent et aussi la famille... J'y reviendrai une autre fois.

Il secoue la tête.

— Maman avait fait sienne la devise «Un esprit sain dans un corps sain». Elle s'adonnait d'ailleurs à un régime à base d'aliments naturels.

— Votre mère était du genre *granola*?

Il m'examine pour bien peser sa réponse. Les mots ne viennent qu'après un moment.

— On pourrait dire ça. Elle avait adopté un style Nouvel-Âge, avant même que ce soit à la mode du jour. Elle nous vantait les bienfaits de la crème Budwig et nous encourageait à suivre son exemple, mais sans jamais trop forcer la note. Elle disait qu'un jour, nous verrions qu'elle avait raison.

— J'ai remarqué que vous parliez beaucoup de votre mère, mais presque pas de votre père...

— Oh, lui? Que dire, sinon que c'était un homme au comportement, disons... spécial. C'était une personne que certains qualifieraient d'insignifiante, finalement. Il parlait fort, mais ne disait rien de bien important.

— Est-ce que vos parents s'entendaient bien?

— Maman faisait tout pour éviter la confrontation. Pour la narguer, mon père tirait fort sur sa cigarette en prenant un air exaspéré: «Ah, *come on, Mary-Mary-Ann!*» Elle se mordait la lèvre pour ne pas hurler: «Je me prénomme MA-RI-AN-NEU!» Elle avait appris à ne pas jeter d'huile sur le feu, mais on voyait dans son regard qu'elle était furieuse, et sans doute surtout blessée. Maman se contentait de tourner le dos à mon père. Elle n'élevait jamais la voix. Comme ce n'était pas de mise chez «les personnes en vue», il fallait se comporter comme ces gens bien, dont je ne pouvais que deviner l'existence. Faire comme eux, à défaut d'en être.

— Si je comprends bien, chez vous, on s'endurait, sans plus. C'est bien ça?

— Oui, elle ressemblait à peu près à ça, notre vie de famille. Comment dire? Eh bien voilà: il y avait surtout les silences. Tous ces silences qui étouffent les mots. Nous faisions silence à part, chacun dans son coin de la maison, nous efforçant de nous ignorer. À table, papa faisait mine de n'avoir rien entendu des propos de maman. Il les assimilait à ce qu'il appelait «ses autres bondieuseries». Tenez, par exemple, parmi les manières de maman, il y avait son habitude de retirer minutieusement les moindres morceaux de porc des fèves au lard, le vendredi, jour maigre selon la Bible. Mon père grommelait: «Perds pas ton temps, Mary, le gras du cochon est déjà répandu dans les *bines* chaudes.» Mais maman tournait la cuillère dans la casserole sans répondre.

— En tout cas, je peux vous dire que je n'aurais pas toléré un homme comme ça bien longtemps, à sa place.

— Mais ce n'est pas tout. Il y avait aussi le fait que j'étais enfant unique. À mots à peine couverts, mon père reprochait à maman de ne pas lui avoir donné une famille nombreuse. Il citait en exemple sa sœur Berthe, qui avait offert une douzaine d'héritiers à son mari.

— Comme si votre mère était seule responsable de...

— Je sais. Mais que voulez-vous, c'était comme ça chez nous... Mais où en étais-je donc? Ah oui, en d'autres occasions, lorsque nous avions des pommes de terre en purée, mon père les labourait avec sa fourchette en proclamant: «Y a ben trop de mottons!» Il couvrait ensuite ses pommes de terre d'une épaisse couche de beurre, de lait et de sel.

— Ouf! Il manquait de tact pour exprimer ses préférences, votre père.

— À n'en pas douter, mais mon père voulait parfois se montrer généreux ou se faire pardonner quelque chose, ce qui souvent revenait au même. Il donnait alors congé de cuisine à maman. Il arrivait triomphant à la maison avec un gros seau de Poulet Frit Kentucky, de la salade de chou et des frites à la sauce brune: «Le festin des princes; y en a pour les fins pis les fous!»

— Je vous écoute et je ne peux pas imaginer combien les repas devaient être tendus chez vous.

— Oh, il n'y a pas de doute là-dessus! Son repas avalé en une série de bouchées rapides, mon père repoussait son assiette. Il prenait grand soin d'y laisser des bouts de nourriture pour marquer son indifférence. Il se levait lentement de table dans une succession de gestes lourds, poussait un soupir exagéré, se traînait les pieds, et allait se réfugier dans son atelier du sous-sol ou au salon. Mon père y passait de longues soirées, seul, en tête-à-tête avec sa petite personne.

— Mais est-ce que votre mère a essayé de changer les manières de votre père? Elle ne le remettait jamais à sa place?

— Je ne m'en souviens pas. Peut-être au début, avant que je naisse… Mais plus tard, à quoi bon ? Elle s'était sans doute résignée. Pour toute réaction, maman soupirait « Oceluila », comme s'il s'était agi d'un nom, un nom désagréable à prononcer, un mot qu'elle aurait voulu écrire avec un « o » minuscule, à l'image de l'homme minimaliste qu'elle avait épousé, peut-être en désespoir de cause.

— De toute évidence, c'était un couple mal assorti.

— C'est le moins qu'on puisse dire… Il m'est souvent arrivé de penser qu'ils n'étaient pas faits l'un pour l'autre.

Je me dis que, finalement, ce n'était peut-être pas mieux chez moi, mais je ne pouvais pas vraiment savoir. Je n'ai aucun souvenir de mon père, sauf ce que ma mère m'a dit : qu'il s'appelait Phil, qu'il avait la lâcheté gravée dans ses yeux. Elle disait qu'un jour mon père avait levé l'ancre. Je n'ai jamais su si elle parlait au sens propre ou au figuré.

— Eh oui, alors que maman faisait preuve d'altruisme pur, mon père était égoïste. Pendant qu'elle tentait de m'inculquer des valeurs sociales de partage, mon père s'esclaffait : « Écoute Mary-Ann, si y vont en Afrique, tes missionnaires et ton Albert Schweitzer, c'est parce qu'ils pensent juste à eux-mêmes. Dans le fond, ça leur fait du bien. » Sans le savoir, mon père s'inspirait du slogan « Charité bien ordonnée commence par soi-même. »

— Dans votre biographie, Bernard, voulez-vous vraiment mentionner ce genre de détail, disons, négatif ?

— Je ne le sais pas encore. Vous verrez, il y en a d'autres, plus graves. Nous allons pouvoir vérifier le texte plus tard.

Je fais signe à Bernard que j'ai compris. Après un moment, il reprend sa narration.

— Mon père était beaucoup plus âgé que maman. Elle disait d'ailleurs de lui : « Que voulez-vous, François est ancré dans ses habitudes. On ne pourra rien changer à Oceluila ». Tout était compris dans ce mot, « Oceluila ». Au début, je croyais que mon père n'était pas méchant. Pour moi, ce n'était qu'un petit mécréant.

— Est-ce que j'ai bien saisi que vous ne le voyiez que rarement ?

— Parfois, le soir, je demandais, d'un air qui se voulait distrait, où se trouvait mon père. D'un indolent mouvement de la tête, maman indiquait le sous-sol ou le salon, selon le cas. Elle ajoutait : « Oceluila est sans doute quelque part par-là ». Mon père se croyait zen sans avoir toutefois bien saisi les caractéristiques de ce mode de vie. Il répétait un adage qu'il se souvenait avoir entendu au *barber shop* : « Comme m'a dit Pat, quand t'es bien ici, c'est que t'es là, pis quand t'es là, c'est que t'es bien. » Mon père, Pat et Crunch aimaient se citer l'un l'autre. J'imagine qu'à leurs yeux, ça donnait du poids à leur propos.

Je cède rapidement la voie à un cycliste qui roule en casse-cou sur le trottoir de l'avenue de la Cathédrale. Bernard n'a rien remarqué.

— Le soir, mon père transportait sa banalité d'une pièce à l'autre. Il allait parfois s'asseoir au salon dans la grande chaise La-Z-Boy qui lui était strictement réservée. Il enfilait ses gros bas de laine de la Baie d'Hudson et s'installait pour lire. Il lisait surtout des biographies de grands hommes : Churchill, de Gaulle, des explorateurs comme Radisson, La Vérendrye. Il pouvait citer de longs passages au chapitre et au verset. Mon père lisait aussi des romans d'aventures, surtout des récits de cowboys de Louis L'Amour et de Zane Grey. Selon lui, ces auteurs montraient « comment que ces hommes ont été capables d'affronter la nature pis les Sauvages du Wild West américain ». Il disait quelque chose comme : « Y faut s'inspirer d'eux autres parce qu'y disent les choses comme ça s'est passé. »

– À sa décharge, admettez qu'au moins votre père lisait.

– Ça, pour lire, il passait ses soirées à la maison le nez dans un livre et la main sur une bouteille de bière. Mais ce n'est pas tout. Il marquait les pages avec une carte à jouer, toujours la même. Un quatre de trèfle. Ça devait lui porter chance, mais de la chance, on n'en a pas souvent vu passer chez nous. Pour tout signe de vie, mon père tournait les pages de son livre et hochait impatiemment la tête en réponse à une question. Il murmurait que ces grands hommes avaient fait ce qu'ils avaient à faire pour réussir. Certains d'entre eux étaient partis de rien pour « monter jusque plus haut que les derniers barreaux de l'échelle de leur vie ». Je croyais qu'il tenait de tels propos pour me reprocher quelque chose. Je me sentais alors comme une cheville ronde dans un trou carré. Je m'éclipsais loin de ses paroles. Dans des moments comme ceux-là, je voulais l'oublier.

– J'ai l'impression que votre père essayait de se glisser dans la peau de ses héros.

– Il y a du vrai dans ce que vous dites. C'était sa façon de s'inventer une vie plus excitante, loin de son petit boulot de mécanicien. C'est comme si les exploits du passé le transportaient plus loin que le présent. En fait, je crois bien qu'il aurait aimé vivre dans cet *open frontier* de l'Ouest américain. Il vantait même parfois le génie militaire du général Custer à sa défaite cuisante de Little Big Horn... c'est à se demander, n'est-ce pas, s'il comprenait le sens de ses lectures?

Bernard rajeunit en poursuivant son histoire.

– Mais mon père savait aussi – à sa façon bien à lui – se montrer avant-gardiste. Un jour, il est arrivé à la maison avec une grosse boîte carrée. Ils ont dû s'y prendre à deux, le sergent Cormier et mon père, pour sortir la boîte du fourgon cellulaire dans lequel ils l'avaient transportée. Comme s'il s'était agi d'un énorme chapeau de prestidigitation, les deux hommes en ont extirpé de peine et de misère un meuble carré. Ils ont posé le meuble sur le plancher au milieu du salon. Mon père a ouvert les bras: «Une télévision! La première de tout le quartier. En plus, c'est un gros modèle Du Pont. C'est pas rien, ça, j'vous en passe un papier! Y faut être ben en avant de ton temps, ou bedon tu recules!» Il a expliqué que nous aurions la chance de voir non pas une seule, mais bien DEUX chaînes, une en anglais et l'autre en français: «On est-y pas chanceux, câline!» Les images étaient en noir et blanc. Pendant les nombreuses pauses entre les émissions, on voyait à l'écran une cible et une tête d'Indien. Mon père disait qu'il faudrait remplacer l'Indien par un héros de la Nouvelle-France: Dollard des Ormeaux, Lévis, Montcalm. Il s'emportait: «Des *winners*, bâtard! Y faut être fiers d'eux autres, parce qu'ils sont à nous autres. Hein, pourquoi qu'y faut toujours faire des courbettes aux perdants, surtout quand c'est des étrangers?

Qu'y r'tournent d'où y viennent, baswell de marde! »
Il parlait vraiment comme ça. Il affichait un air satisfait
de conquérant, comme Mussolini, lorsqu'il faisait de
telles déclarations.

— Mussolini! Vous savez, Bernard, j'ai parfois l'impression que vous exagérez. Ce n'était quand même pas un monstre.

— Vous avez raison, mon père n'était sans doute pas un monstre. Mais vous seriez surprise, mon amie, combien cet homme pouvait sans trop d'effort se rendre ridicule.

Bernard lève l'index vers le ciel.

— Je peux même affirmer sans l'ombre d'un doute que mon père était une caricature, une satire ambulante de ce qu'il voulait être. Je pourrais épiloguer encore longtemps.

— Mais votre pauvre mère, qu'est-ce qu'elle pensait de tout ça?

— Maman avait renoncé à se plaindre. Lorsque mon père a déballé le téléviseur, elle était debout sur le seuil de la porte du salon. Elle surveillait la scène, l'air de dire, d'un ton plus résigné qu'agressif: «Un téléviseur! Tu vois pas, François, qu'on n'a même pas assez d'argent pour l'essentiel! Toujours devoir ratisser les fonds de tiroirs, courir les aubaines, accepter les vêtements usagés des cousins et des voisins plus fortunés...» Maman avait appris à ne plus ouvrir la bouche lorsque mon père disait qu'il n'y avait rien de mal à recevoir des *hand-me-downs* et à courir les aubaines dans les *Thrift Stores* de l'Armée du Salut. Après un certain temps, elle a arrêté de s'acharner inutilement.

— Votre père, lui, il demeurait insensible aux réactions de votre mère ?

— Mon père savait parer les coups. La fois du téléviseur, il a regardé maman, puis le sergent Cormier. Il a pris une voix doucereuse : « Hé, la mère, tu peux pas savoir le *deal* qu'on a eu sur la télévision... » Le sergent a levé les paumes devant lui : « Ouais, pas cher, pas cher... mais, Frankie, *don't talk too much.* » Les deux hommes ont échangé des sourires complices.

— Évidemment, sans expliquer d'où venait ce téléviseur ni comment votre père avait pu se le procurer à bon prix ?

— Il disait qu'il ne fallait pas laisser les petits détails arrêter la marche du progrès.

Je secoue la tête d'étonnement. Bernard reprend d'un air à la fois amusé et moqueur, comme pour dire *Que voulez-vous ?*

— Mon père astiquait souvent le dessus du meuble avec la manche de sa chemise à carreaux. Il ajustait les antennes en oreilles de lapin pour obtenir une image moins embrouillée. C'était devenu son occupation principale et sa contribution aux tâches ménagères. D'une voix de stentor, mon père proclamait que nous avions atteint les ultimes limites de la technologie : « Y feront jamais rien de mieux que ça, c'est moi qui vous l'dis, drette là ! »

— Mais à la décharge de votre père, il faut avouer que c'était aux tout débuts de la télé. Comment aurait-il pu pressentir que les inventions se multiplieraient ?

— Vrai, vrai, tous ces bidules qui ne servent qu'à nous compliquer l'existence... Mais, ma chère amie, ce n'est pas tout. Écoutez bien ceci. Mon père aimait se vanter, surtout devant les étrangers, qu'il était né exactement au centre longitudinal du Canada. Il déclamait à voix haute : « Moi, Frank, le fils le plus vieux de Pierre-Zéphirin et de Marie-Rosa, j'ai vu le jour en plein à 96 degrés, 48 minutes, 35 secondes. Oui, monsieur, c'est pas n'importe qui qui a eu la chance d'avoir été né sous le soleil levant de ma bonne étoile ! » Selon lui, cela avait de l'importance, mais il n'expliquait jamais comment cette donnée géographique changerait nos vies.

Bernard regarde au loin, tout au bout de la rue.

– Au début, j'écoutais attentivement ce que mon père disait. Parfois, j'essayais même de mémoriser ses paroles pour mieux les comprendre. Mais au fil des ans, je n'y ai trouvé que de banales répétitions, que du vent fétide, de petits filets d'idées stériles et convenues. Je m'en suis lassé. J'en suis même venu à l'éviter le plus possible.

Bernard hésite.

– En un mot, son insignifiance m'est devenue offensante. Je portais la présence de mon père comme une balafre sur la joue.

– Vous ne l'aimiez pas ?

– C'est triste à dire, mais j'ai acquis la certitude qu'il n'avait pas mérité de m'avoir comme fils.

La force du commentaire me surprend.

– Votre mère a dû être bien malheureuse dans cette relation. Dans ce mariage pour le moins… dysfonctionnel ?

– Maman soupirait : « François, ce n'est pas l'homme que je pensais avoir épousé. » Elle était fataliste. Parfois, comme si elle devait se justifier, maman expliquait qu'il fallait accepter son mari tel qu'il était. Elle soupirait: «C'est comme ça qu'il est fait, François, lorsqu'il parle, c'est souvent pour ne rien dire. On ne pourra pas le changer.» Mais pour moi, cet homme occupait inutilement un espace. Une place qu'un autre, un vrai père, aurait pu utiliser à bon escient. Je me souviens que, dans son dos, je l'appelais «le nuage noir», tellement il pouvait assombrir une pièce seulement en y pénétrant.

Je note cette image du nuage noir.

— La nuit, de la fenêtre de ma chambre, je scrutais les étoiles. J'élaborais un plan pour rendre mon père utile à quelque chose. Je plissais les yeux comme des lunettes d'Esquimau pour mieux voir dans mes pensées. Une fois, je me suis imaginé l'amputer de ses oreilles, de son nez et de ses yeux. Nous n'aurions remarqué aucune différence dans son comportement tellement ces organes étaient inutiles.

— Bon Dieu, Bernard, vous n'exagérez rien? Tout ça, c'est bien cruel, surtout de la part d'un si jeune garçon!

— C'est que, dans mon imagination, ce scénario me semblait tout à fait plausible. Mais de grâce, ne vous méprenez pas. Ça n'aurait pas été une boucherie; au contraire, j'entrevoyais agir avec la précision du laser... évidemment, après lui avoir administré un puissant somnifère. Aussi, j'aurais envoyé ses yeux à la société pour les aveugles, ses oreilles chez les sourds, peut-être son nez chez les petits Chinois, dont nous achetions l'âme à l'école.

Je ne peux imaginer quel genre de blessure aurait pu pousser Bernard à adopter une telle attitude envers son père. Je ne peux m'empêcher de penser qu'il a dû subir un choc terrible, auquel son père aurait été, d'une façon ou d'une autre, mêlé. Je me promets d'être aux aguets, mais pour le moment, je préfère le relancer sur une autre piste.

— J'imagine que votre père devait quand même avoir ses bons côtés, non ?

— Oui, bien sûr, comme bien d'autres personnes. Il lui arrivait parfois de se montrer véritablement généreux.

Il réfléchit en regardant quelques nuages blancs défiler lentement dans l'immensité du ciel bleu.

— Ce n'est peut-être qu'une illusion, quelque chose que je souhaiterais aujourd'hui, vous savez, l'imaginer meilleur ou pire qu'il ne l'était réellement. Trop de choses s'embrouillent. Je ne sais plus. Le passage du temps déforme tout.

Mon ami ralentit le pas.

— J'observais ces scènes de vie quotidienne de notre famille comme si elles se déroulaient devant moi, comme si j'examinais des fourmis sous une cloche de verre.

— Si nous revenions sur le couple que vos parents formaient. D'après ce que vous me racontez, ils ne se sont aimés qu'au temps de la noce. C'est bien ça ?

— Oh, disons qu'ils vivaient un mariage de convenance. Ce n'est pas rare, je dois admettre que j'en sais quelque chose... Vous savez, mon mariage à moi... Enfin, passons.

Pendant que Bernard parle, j'essaie de m'imaginer à quoi aurait pu ressembler une relation de couple entre lui et moi. Je n'y parviens pas.

— Maman venait d'avoir vingt-cinq ans, ce qui en faisait une *vieille fille*, de celles que l'on fêtait le

25 novembre, à la Sainte-Catherine. De son côté, mon père avait exercé divers petits boulots. Il s'est finalement décidé à prendre femme à l'aube de ses quarante ans. Ça lui donnerait de l'importance, pensait-il, de s'être déniché une femme plus jeune que lui à exhiber. Une belle femme, en prime. Quoi qu'il en soit, mon père n'était pas du genre à faire dans la dentelle. Sa demande en mariage s'est résumée à peu près à ceci : « Ça serait une bonne chose qu'on se marie. J'vais parler au curé. » Maman a pensé la même chose. Les bans ont été publiés et l'union s'est scellée à l'église du village d'origine de mon père. Ce n'était pas la belle cérémonie à la cathédrale de Saint-Boniface que ma mère aurait souhaitée.

— On dirait deux corps étrangers.

— Oui, justement, voilà une image assez juste. Comme on ne peut reculer les aiguilles du temps, ils ont jugé, à cause de leur âge, qu'il valait mieux unir leurs destinées avant que la vie ne les rattrape. Je crois bien que maman s'est résignée. Mon père n'était peut-être pas le prince charmant dont elle avait rêvé, mais son métier de mécanicien, si sale fût-il, lui assurerait un revenu stable. Elle a sans doute cru qu'elle ne trouverait pas meilleur parti, même si elle a déjà confié à sa sœur, paraît-il, que son mari n'était pas très délicat dans leurs moments les plus intimes.

— Et vous... Pardon d'insister, mais est-ce que vous l'avez déjà aimé, votre père?

— Je dirais qu'au début, je l'ai écouté attentivement, puis il m'est devenu indifférent. Ensuite, j'ai enduré sa présence, aussi lourde qu'elle ait pu me paraître. J'en suis venu à le détester, comme le reste de sa famille, d'ailleurs. Je pense qu'à sa façon maman partageait mon avis. Elle soupirait en parlant d'eux. Elle disait que, chez ces gens-là, on accrochait aux murs des tableaux en velours et d'autres peints à l'aide de numéros. Pour elle, c'était tout dire, sans autre forme d'explication, point à la ligne.

— Est-ce que vous la fréquentiez, la famille de votre père ?

— En réalité, on ne voyait pas souvent d'autres personnes. On avait rarement de la visite, sauf de la part du benjamin de mon père. Il était prêtre. Je ne comprenais pas qu'il fût le seul de sa famille à avoir des cheveux roux frisés et des picots sur ses doigts pleins de poils. Cette singularité à elle seule aurait pu me le rendre suspect. Mais il y avait plus : il était précieux et se dandinait sous sa soutane comme s'il avait des fourmis dans les sous-vêtements. Je me suis mis à l'épier : la manière de fille de se passer la main dans les cheveux, la poignée de main molle et moite, la façon de tenir sa cigarette qui n'était pas masculine, comme Big Pat et Crunch, mais du bout des doigts, comme la voisine, mademoiselle Bernier, qui était une personne plutôt guindée.

— Il n'y a rien de trop alarmant dans tout ça.

— C'est que mon oncle me posait des questions, il voulait toujours m'aider avec mes devoirs. Je n'aimais pas qu'il se colle contre moi. Il ne dégageait pas la chaleur rassurante de maman ou de sœur Marie-des-Oliviers.

— Sœur Marie-des-Oliviers ?

— J'y reviendrai plus tard, c'est une personne qui m'a singulièrement touché. Mon oncle aussi m'a marqué, mais d'une autre façon. Quelque chose en moi me poussait à me méfier de lui. Il transpirait beaucoup. Il se dégageait de lui des odeurs que je n'aimais pas. Je me suis plaint à maman. Je lui ai dit que mon oncle me donnait la chair de poule. Maman m'a répondu qu'il jouait un rôle important auprès de moi en raison des absences répétées de mon père, que c'était la seule personne instruite de ce côté de la famille. Elle soulignait aussi que c'était grâce à lui que nous avions accès au chalet de son ordre religieux, au lac Winnipeg.

Bernard ne me voit plus. Sa mémoire embrasse les reflets argentés du soleil sur les eaux du grand lac. Puis son regard se déplace vers les enfants qui jouent dans la piscine du parc Provencher, de l'autre côté de la rue. Leurs cris ramènent mon ami au présent.

— Lorsque j'étais sur la plage, je m'éloignais de cet homme. Je plongeais dans l'eau lorsqu'il s'amenait sur le sable et je sortais du lac s'il s'y rendait. Je me suis promis de l'avoir à l'œil, ce rouquin louche à la soutane noire replète.

Fatigué, Bernard paraît hésitant. Comme pour me donner raison, il dit qu'il doit rentrer.

— J'ai entassé plusieurs livres sur ma table de chevet. Je n'ai pas eu le loisir de lire depuis un bon moment. Je ressens le besoin de me ressourcer.

— Laissez-moi deviner. Philip Roth, peut-être ?

— Vous avez bonne mémoire.

— Vous me parliez souvent de lui.

— J'ai parfois l'impression d'avoir mené ma vie d'adulte au diapason avec les personnages de Roth. Je ressentais les mêmes amours, les mêmes tricheries, les mêmes névroses. Aussi les complexes et les hontes qu'on ne garde que pour soi. C'est quelque chose d'inconscient, comme une force invisible. Une énergie irrésistible qui nous happe.

Je tente un peu d'humour.

— Je pourrais peut-être m'y essayer, alors que j'approche moi aussi d'un âge vénérable.

Il me sourit affectueusement, tout en m'invitant à m'arrêter devant un édifice sans étage en brique rouge, dans un coin du parc.

— Vous vous souvenez de ce voyage à Londres et des paroles de Virginia Woolf que nous avons lues au musée ? « *If truth is not to be found on the shelves of the British Museum, where, I asked myself, picking up a notebook and a pencil, is truth ?* » Vous aviez copié ces mots dans un carnet.

— Vous savez, Bernard, je n'ai rien oublié de nos fréquentations. C'était le début, pour nous, ce voyage à Londres.

— Vous serez peut-être surprise, Marjolaine, mais moi non plus, je n'ai rien oublié. C'était beau, mais il y avait des empêchements. Je voudrais vous dire…

Ses paroles s'éteignent lentement. Nous sommes l'un et l'autre gênés. Bernard secoue la tête, puis dit :

— Lorsque j'étais garçon, je hantais les rayons de cette bibliothèque. Regardez, elle est toute petite, mais à l'époque, elle me semblait immense. Je cherchais partout, je voulais tout lire, tout savoir. J'espérais que ma recherche serait sans fin. Cet humble lieu de lecture était mon British Museum. Maman m'y emmenait, souvent pour échapper à l'air étouffant de la maison. Maman et moi passions nos après-midi à feuilleter des livres. Elle me montrait de grands livres remplis d'images, surtout de lieux de France qui me paraissaient mystérieux. J'y ai découvert un nouvel univers. J'étais entouré de châteaux et de grandes églises anciennes. J'ai pu associer des auteurs et des personnages à des endroits précis: Dumas et le comte de Monte-Cristo à l'île d'If, Hugo et Quasimodo à Notre-Dame de Paris, Stendhal et Sorel à la prison de Besançon, Alain-Fournier et son grand Meaulnes au petit village de Sologne. Pour sa part, maman semblait fascinée par la comtesse de Ségur, qu'elle suivait dans ses voyages de Saint-Pétersbourg à Paris.

Mon ami se penche vers moi pour me faire la bise.

– Veuillez pardonner les divagations d'un homme en quête de parcelles de son passé.

Je l'accompagne à son auberge, à côté. Son regard est maintenant plus paisible. Il me parle d'une voix harmonieuse.

– Demain matin, je vous donne rendez-vous devant mon école primaire. J'y ai vécu des moments marquants. Vous verrez, c'est facile à trouver en arrivant de Winnipeg. Une fois que vous aurez traversé le pont Provencher, vous prendrez à droite sur la rue Taché, puis à gauche sur la rue Masson. Vous arriverez au Jardin de l'enfance, à l'angle des rues Masson et Aulneau. Il faut vraiment faire un effort pour s'égarer dans le Vieux Saint-Boniface.

– À demain.

Bernard me quitte avec un petit sourire au coin des lèvres.

8

Au matin, les cris entremêlés de rires de jeunes enfants emplissent la cour d'école et débordent en face, dans la petite rue Masson. Des parents entrent et sortent de la cour d'un pas pressé. Les enfants, trop occupés à jouer, ont vite fait d'oublier leurs parents.

J'aperçois Bernard du coin de la rue. Il est debout près de la clôture en fer forgé de la cour d'école. Bernard ne remarque pas le bruit qui l'entoure. Il fait lentement les cent pas. Lorsqu'il marche, on dirait le lent balancement du métronome. Je pourrais reconnaître mon ami entre mille dans une foule d'un pays étranger, tellement sa démarche est unique.

Bernard se retourne lentement vers moi, comme s'il m'avait sentie approcher dans son dos. Il me fait un signe de la main, puis attend que je sois rendue à sa hauteur.

— Le collège des filles a été converti en résidence pour personnes âgées, et voilà que mon école primaire a été transformée en garderie pour enfants!

Bernard lève les yeux vers le fronton de l'édifice d'inspiration néoclassique; son doigt suit patiemment la courbe des mots gravés dans la pierre pâle: *Jardin de l'enfance, 1902.*

— On appelait ça « la petite école ».

Des enfants courent tout autour de nous en riant. Ils sont sans doute plus turbulents que d'habitude, comme nous sommes à la veille des grandes vacances d'été. Une surveillante les rappelle à l'ordre:

— Revenez dans la cour de la garderie!

Mon ami sourit, l'air de dire: « Laissez-les s'amuser un peu, la vie va se charger assez vite de les encadrer. » Sa main frôle mon coude; il se retourne vers moi.

— Maman se faisait un devoir de m'accompagner à l'école. Le matin, elle vérifiait que je n'oublie pas mon sac d'écolier. Si elle ne pouvait pas venir avec moi, elle me donnait les consignes d'usage: ne pas traîner dans le parc Provencher et surtout ne pas aller au-delà du boulevard Provencher, qu'elle jugeait trop achalandé pour qu'un enfant de mon âge s'y aventure. Elle souriait en expliquant: « Tu sais, tu es parfois dans la lune, mon beau petit prince. » J'étais un enfant sage, de ceux dont on dit qu'ils ne posent pas trop de problèmes. Pour sa part, mon père avait une approche plus terre-à-terre de l'éducation, qui se résumait à ceci: « Faut être pratico-pratique, si la police frappe pas à la porte, c'est qu'y en a pas, de problème. C'est pourtant simple comme principe, non? » Je suivais les consignes de mes enseignantes, je m'appliquais à bien accomplir les tâches qu'on m'assignait. J'étais poli, je souriais lorsque c'était de mise. Je réussissais bien. Mes bulletins faisaient foi du fait que j'assimilais bien les matières enseignées.

Bernard m'explique que l'enseignement au Jardin de l'enfance – donné par des religieuses de l'ordre des Oblates de Marie Immaculée – couvrait les années de la maternelle jusqu'à ce qu'ils appelaient le *Grade VI*, soit du début à la fin du primaire. Ces années menaient, pour les heureux élus, au Collège de Saint-Boniface. On y enseignait surtout – à petites doses et en ordre d'importance décroissant – l'histoire sainte, le français (grammaire, orthographe, lecture) et l'histoire du Canada.

– Dans les cours d'histoire, on passait le plus clair de son temps à étudier la vie des Blancs en Nouvelle-France. On nous parlait beaucoup des missionnaires, qui avaient pris un malin plaisir à se faire martyriser par ceux qu'on appelait «les Sauvages». Quelques minces chapitres étaient consacrés à la période qui suivit la conquête anglaise. On trouvait ensuite l'arithmétique, la géographie et, en fin de peloton, les sciences.

– L'autre jour, vous avez mentionné le nom d'une religieuse, il me semble ?

– J'allais justement vous parler de sœur Marie-des-Oliviers. Eh bien, elle est rapidement devenue mon enseignante préférée. De son côté, elle m'a pris sous son aile, ce qui n'a pas fait l'affaire de tous mes camarades. Raymond, qui était assis derrière moi en classe, avait des grandes oreilles décollées d'éléphant. Il sifflait que je me cachais sous la jupe des corbeaux. Il fermait le poing et plaçait le pouce dans sa bouche dans un mouvement de va-et-vient : ça voulait dire que j'étais un *suceux*. C'était la pire des insultes ! Pourtant, je faisais comme si ces ricanements me laissaient indifférent. J'avais appris qu'il faut faire et laisser braire. Ça, c'était un autre adage de maman.

— Mais à part ce garçon, est-ce que vous aimiez l'école ?

— En fait, je dirais que je me suis surtout entiché de sœur Marie. J'ai acquis la certitude que la religieuse répondait à mes avances par des sourires, des compliments. J'y ai vu autre chose que des encouragements pour que je continue à exceller. En classe, je suivais des yeux le mouvement de ses mains, je m'étirais le cou, je me cachais derrière mon cahier, pour apercevoir la moindre brindille de ses cheveux châtains dépasser de sa cornette. Dans la cour de récréation, je surveillais sa façon de marcher, qui me procurait, déjà à ce jeune âge, une sensation que je n'aurais pu définir. Je l'examinais à la dérobée pour voir si elle avait des seins sous sa tunique. Lorsque je m'assoyais près d'elle, je me collais la tête pour mieux sentir le léger galbe de sa poitrine sous son épais costume. J'ai fait mienne l'expression « me noyer dans ses yeux », que j'avais entendue dans une émission de radio que maman écoutait parfois dans le salon lorsque mon père était parti avec Big Pat et Crunch. J'ai demandé à maman de me montrer, dans un livre de la bibliothèque, des dessins d'oliviers ; elle m'a appris qu'il fallait « tendre la branche d'olivier ». J'ai résolu que mes jeunes bras seraient ces branches de l'olivier que j'offrirais à sœur Marie.

— Si vous permettez, Bernard, j'ai l'impression que vous vous êtes plutôt concentré sur l'enseignante que sur son enseignement.

— Vous avez bien raison, ma chère amie. Je m'inventais des excuses pour lui parler après les cours. Mais j'oubliais souvent les questions que je venais de poser pour mieux me bercer dans les sonorités de sa voix d'ange. Je rêvassais d'une vie à deux avec elle. J'ai même eu l'audace de demander à sœur Marie s'il y avait une vraie vie après la vie de religieuse. Elle m'a répondu: «Mais certainement, je veux pouvoir mériter mon ciel éternel. Ne veux-tu pas, toi aussi, te rapprocher du petit Jésus?» Sa réponse m'a déçu. Je pense même que j'étais jaloux de ce Jésus. Ce soir-là, le chemin du retour à la maison m'a semblé bien long, mon sac d'écolier était devenu beaucoup plus lourd. Maman a cru à un malaise lorsque j'ai refusé de manger pour aller me réfugier dans ma chambre.

– On dirait que c'était votre première peine d'amour. C'est un peu ça, non?

Nous nous regardons dans un long moment de silence suspendu. Nous savons chacun que l'autre pense à cette relation que nous avons vécue. Mais nous comprenons aussi que le moment n'est pas venu d'en parler. De toute évidence, me dit Bernard, la pauvre religieuse ne se doutait pas des desseins romantiques du garçon rêveur qu'il était.

– Je l'imaginais coquette. Je croyais qu'elle se prêtait avec amusement à ce petit jeu d'amours naissantes, mais il s'agissait évidemment du fruit de l'imagination trop débordante d'un écolier au cœur avide. Je me cherchais un havre de paix. Contrairement à ses consœurs qui affichaient un air sévère, sœur Marie-des-Oliviers ne lésinait pas sur les félicitations, les petits mots gentils écrits dans la marge des devoirs, les images saintes et les étoiles collées sur les bulletins.

Bernard se penche vers son sac en cuir marron, de style messager, dont il sort quelques piles de papiers. Sourire aux lèvres, il me les tend.

– Voici quelques-uns de mes bulletins mensuels. Je les ai presque tous conservés. Il y en a quelques autres, mais... disons que j'y reviendrai plus tard.

À l'exception de quelques B, les bulletins ne montrent que des A. Bernard me remet un autre paquet de petites cartes.

– J'ai également reçu ma part de mentions d'honneur, les cartes roses que la mère supérieure remettait aux écoliers qui s'étaient distingués en catéchisme, par leur conduite, leur application et leur ordre.

– Vos parents devaient être pas mal fiers de vous.

– Oh oui, en tout cas, maman l'était beaucoup... et sœur Marie-des-Oliviers aussi. Elle a constaté mon désir d'apprendre. Elle me donnait des petits livres religieux qu'elle lisait avec moi. Plutôt que de s'attarder à la morale, elle mettait en relief les personnages, les paysages, la façon de raconter. J'y voyais des contes d'aventure : la mer Rouge qui se sépare, la marche vers la crèche, à Bethléem, la multiplication du pain et du vin, la crucifixion, la résurrection, Marie-Madeleine aussi, qui me semblait pas mal entichée de Jésus. J'étais émerveillé. J'aimais m'asseoir tout près de sœur Marie, m'en rapprocher de plus en plus sous prétexte de ne rien manquer de ses explications. Je me berçais dans la douceur de sa voix, la chaleur de son corps, l'odeur de ses cheveux, la finesse de ses doigts qui suivaient la ligne des mots. Après les histoires saintes, nous sommes passés à Jean de la Fontaine et à ses fables, qui ont su me captiver et m'ouvrir, alors que je n'étais encore qu'à l'école primaire, les portes de la littérature.

Je le taquine :

— On dirait bien que vous étiez déjà un très jeune « homme à femmes ».

Bernard hésite puis, ayant réfléchi à la question :

— Pour tout vous admettre, je crois bien que c'est pour cette femme pudiquement vêtue de noir de la tête aux pieds que j'ai connu mon premier béguin. Je n'osais cependant pas lui avouer l'amour que j'éprouvais pour elle. Je n'avais pas le courage de lui proposer de partir avec moi vers des lieux inconnus.

Nous arrivons sous un grand chêne centenaire, devant l'ancienne école.

— Je dois vous parler du jeu de billes auquel je m'adonnais avec d'autres garçons dans la cour d'école. En fait, ce sont les sacs dans lesquels nous placions nos billes qui ont été à l'origine d'un désaccord. La mère supérieure ne voyait pas d'un œil favorable que des garçons se promènent avec des sacs violets aux coutures dorées du whisky canadien Crown Royal. Elle en a ordonné la confiscation, sans autre forme d'appel. Apparemment, certains parents s'étaient plaints de voir leurs enfants revenir à la maison avec eux. Prenant mon courage à deux mains, j'ai plaidé ma cause devant la mère supérieure. J'ai prétendu que les sacs symbolisaient un lien affectif étroit avec mon père. Mais la vieille religieuse ne voyait pas les choses de la même façon. J'ai reçu, pour toute réponse, une fin de non-recevoir. La mère supérieure a pointé du doigt une pile impressionnante sur son bureau : « Mais il en a combien, de ces satanés contenants d'alcool, votre père ? » Je suis sorti bredouille, sous son regard sévère. J'ai cependant été soulagé, quelques jours plus tard, lorsque sœur Marie-des-Oliviers m'a offert un sac à tirette, tout aussi beau que ceux de mon père, mais qui ne portait pas la mention d'alcool. J'ai rougi lorsqu'elle m'a dit: «Je l'ai fait juste pour toi, Bernard.» J'ai rêveusement glissé le doigt sur mon prénom, qu'elle avait brodé sur le tissu.

Il reprend le fil de ses pensées, comme si je n'étais pas présente.

– Puis, les choses ont changé. C'était vers le milieu du mois de janvier de ma dernière année au primaire. Un matin, maman m'a semblé plus agitée que d'habitude. Elle s'est mise à faire les cent pas devant ma chambre. Elle me suppliait de me dépêcher. Elle s'exclamait que nous avions un rendez-vous important et que nous serions en retard. Elle ajoutait qu'elle ne savait pas ce qui se passait avec moi, qu'elle était inquiète, *comme bien d'autres*, que la direction de l'école nous avait convoqués, et que ce n'était certainement pas pour me féliciter. Elle m'a pris par la main et m'a traîné comme une poupée de chiffon vers l'école. Ce n'était pas dans ses habitudes d'être brusque. Il faisait froid, et le vent des Prairies soufflait fort à travers le parc Provencher. Maman marchait rapidement. Elle me forçait à prendre de trop grandes enjambées. Elle marmonnait: «Il faudra bien aller au fond des choses, tirer tout ça au clair. Moi aussi, j'ai remarqué que quelque chose ne tourne pas rond, depuis quelque temps. Mais tu refuses d'en parler. Tu ne parles jamais des choses importantes.» J'ai vite compris que cette rencontre au sommet avec sœur Marie-des-Oliviers ne serait pas de tout repos.

9

Bernard m'invite à le suivre jusque devant les marches extérieures de son ancienne école primaire. Il entreprend le récit de la rencontre avec sœur Marie-des-Oliviers.

– La religieuse tentait de sourire lorsqu'elle nous a accueillis dans un grand bureau. Les plafonds étaient hauts; les murs étaient foncés et luisants de bois verni. Sœur Marie m'apparaissait plus réservée que d'habitude; elle était presque froide, sur ses gardes avec moi. Elle nous a invités à nous asseoir devant un gros pupitre, mais j'ai prétexté un mal de dos pour demeurer debout. Je me suis placé à la droite de la grande fenêtre pour ne pas être aveuglé par les rayons du soleil. D'entrée de jeu, sœur Marie a dit qu'elle avait beaucoup aimé m'enseigner depuis mon entrée au Jardin de l'enfance. Elle a ajouté qu'elle s'ennuierait de moi après mon départ, quelques mois plus tard, à la fin de l'année scolaire. Elle s'est tournée vers maman: «Lorsqu'il va accéder au domaine des grands, au collège et au cours classique…» Et cetera. Moi aussi, j'aurais voulu lui avouer que je m'ennuierais d'elle, mais la religieuse ne m'en a pas donné la chance. Elle est vite entrée dans le vif du sujet. Sœur Marie a dit que je m'appliquais moins qu'auparavant en classe. Que je ne participais pas à la vie scolaire. Rien de surprenant ici : je connaissais la rengaine, puisque c'est ce qu'elle avait écrit dans mes plus récents bulletins mensuels. Elle parlait à maman d'un air grave, en me tournant presque le dos, comme si je n'étais pas présent. « On dirait qu'il vit en marge des autres, dans son propre petit monde imaginaire. Ce n'est pas sain, vous savez. » Elle avait consulté des collègues pour s'assurer qu'elle ne se trompait pas. Plusieurs avaient remarqué que mon regard croisait rarement celui des autres. L'une d'entre elles me trouvait même un regard trouble, voilà l'expression qu'elle a utilisée, un *regard trouble*. Sœur Marie avait elle-même constaté que je fixais un point sur le haut de son front lorsqu'elle me parlait. « C'est comme s'il se mettait tout à coup à loucher », dit-elle en se tournant vers moi. Pour jouer l'indifférent, je regardais par la fenêtre les autres enfants qui commençaient la récréation du matin.

Mon ami scrute le mur de briques de son ancienne école. Il est peut-être à la recherche de la fenêtre dont il vient de parler. J'interviens tout doucement pour laisser les souvenirs monter à la surface.

– Les adultes ont parfois la fâcheuse habitude d'ignorer la présence des enfants, lorsqu'ils parlent d'eux. Mon fils William a l'âge que vous aviez à l'époque. J'ai appris à ne pas oublier qu'il est là quand je parle de lui.

Bernard s'avance. Il me tend affectueusement la main. Nous montons les marches de pierre menant à l'intérieur de l'édifice.

— J'ai obtenu la permission de la direction de la garderie pour que nous nous déplacions dans les couloirs.

Nous gravissons encore quelques marches.

— Aujourd'hui, on est trop méfiant; il faut toujours montrer patte blanche.

Nous traversons la grande entrée. Nous nous engageons dans un long couloir. Bernard murmure:

— C'est ici.

Sa voix est feutrée, presque solennelle. Il ne veut pas désacraliser ces lieux qui sont une étape dans son pèlerinage. Nous nous arrêtons devant une lourde porte en bois au vernis craquelé et défraîchi. Il reprend la conversation là où nous l'avions laissée, comme si elle n'avait pas été interrompue.

— J'ai appris à tirer le meilleur parti de ce comportement des adultes. En dirigeant les yeux ailleurs, je faisais semblant de ne pas les entendre. En réalité, c'était pour mieux écouter. Déjà, j'avais compris que «le silence est porteur de la parole». J'ai retenu ces mots; j'en ai fait une devise de vie.

— Oui, je me souviens. Vous disiez que les silences entre les mots sont parfois plus éloquents que les mots eux-mêmes. C'est une ruse que vous utilisiez au travail, pendant des négociations avec des clients...

— Mais, comme vous verrez, ça n'a pas marché avec sœur Marie. Le dos bien droit, les mains croisées sur les genoux, elle a repris à l'intention de maman: «Nous avons toutes remarqué que son comportement a changé depuis le retour en classe après l'Action de grâce. Vous ne seriez pas au courant de quelque incident fâcheux? Quelque chose qui aurait pu le blesser?» Maman demeurait silencieuse. La religieuse l'interrogeait doucement : « Vous savez, il suffit parfois de si peu, à cet âge. C'est un petit doué, mais il est tellement délicat. » J'affichais un air distrait. Je ne disais rien, mes yeux passaient de la pointe de mes chaussures à la fenêtre, puis au plafond.

Je me rapproche de Bernard ; sa voix est devenue à peine perceptible.

– Et votre mère ?

– Maman ne disait rien. Elle se mordait la lèvre en tortillant son mouchoir dans sa main.

– Et vous, Bernard ?

– Moi ? Je connaissais le topo. J'écoutais d'une oreille distraite. Je me suis demandé si je devais imiter une personne qui sort d'un long coma, écarquiller les yeux de surprise et demander d'une voix pâteuse : « Où suis-je ? Qu'est-ce que je fais ici ? Qui êtes-vous ? » C'est un jeu auquel je m'adonnais, parfois même lorsque j'étais seul.

Bernard se passe la main sur le front.

– Comme si elle pouvait lire mes pensées, la religieuse a semblé se souvenir de ma présence. Elle m'a souri tendrement, d'un sourire presque gêné : « Tu n'irais pas rejoindre tes amis dans la cour de récréation ? » Maman avait un air abattu. Ses yeux étaient tristes. Elle a regardé vers la porte. Je suis sorti de la pièce. J'ai fermé la porte derrière moi, comme si je voulais m'éclipser. Je savais que les choses allaient se corser. J'ai marché à pas lourds sur le parquet pour faire semblant de m'éloigner puis suis revenu me coller l'oreille à la porte. J'ai regardé de gauche à droite pour m'assurer que personne ne me voie ainsi jouer les espions. Je prenais garde de ne pas bouger en écoutant sœur Marie poursuivre la conversation avec maman : « Vous n'avez donc rien vu ? S'est-il passé quelque chose dans sa vie ? » Comme maman ne disait rien, la religieuse renchérissait : « Ce n'est pas qu'il soit dissipé, il n'est plus là. On dirait qu'il voyage sur une autre planète. En un mot, même présent en classe, il est ailleurs. Il a toujours été un enfant discret, mais depuis quelque temps, on dirait qu'il rase les murs. » Et maman qui demeurait muette...

— Mais, Bernard, vous deviez être déçu d'entendre sœur Marie parler de vous de cette façon.

— C'est que de mon côté de la cloison, mon petit cœur s'est mis à battre fort. J'aurais voulu les rassurer, leur dire qu'elles n'y étaient pour rien. Ni sœur Marie ni maman. La religieuse disait : « Vous savez, la pression est forte sur moi. J'ai dû intervenir pour qu'il ne soit pas sévèrement puni. Entre vous et moi, je ne crois pas que sa faute soit si grave, mais certaines personnes y ont vu une atteinte à la réputation de notre institution. » Elle savait que la pénitence n'était pas la solution. Elle m'avait interrogé à quelques occasions, sans succès. Je me renfermais sur moi-même. Je marmonnais un genre de formule comme « Tout va pour le mieux dans le meilleur des mondes. » La sœur trouvait que je me réfugiais derrière des adages plutôt que de répondre franchement. À ces mots, j'imaginais maman toute crispée dans sa chaise. Sœur Marie a ensuite demandé : « Mais votre époux, est-ce qu'il a constaté quelque chose ? » Un long silence a suivi, je m'en souviens bien. Elle était surprise que mon père n'eût pas accompagné ma mère : « Pourtant nous vous avions convoqué l'un et l'autre. Nous aurions voulu que le père entende nos appréhensions à l'égard de son fils.» Maman s'est empressée de répondre, trop vite, il m'a semblé: «François? Oh, il est très occupé, c'est la haute saison à son travail.» Autre long silence. L'oreille rivée à la porte, j'imaginais le malaise grandissant entre les deux femmes. Puis, maman a murmuré quelques mots hésitants: «C'est gênant de vous avouer ça, mais nous connaissons certains petits problèmes... des difficultés passagères à la maison. Mais on va les surmonter. Son père travaille très fort pour joindre les deux bouts. Il est souvent fatigué.» Maman s'est arrêtée, puis elle a dit quelque chose comme: «François doit parfois compenser... pour mieux se reposer. Vous savez, on a chacun notre façon de gérer nos tracas...» J'ai entendu maman renifler, puis se moucher.

Nous marchons le long des murs en panneaux de bois. Les enfants qui jouent dans la cour de récréation s'amusent en riant et en chantant. Leurs cris montent à l'intérieur de l'ancienne école par les fenêtres entrouvertes. Bernard soupire pour mieux retenir ses émotions grandissantes. Il s'arrête devant une porte.

– Pendant qu'elles parlaient de moi, j'ai mis la main sur cette poignée. Je voulais me précipiter dans la pièce. Moi qui n'avais jamais tutoyé un adulte, j'avais envie de crier à poumons déployés: «Bien quoi, maman? Tu penses pas que tout le monde sait pas déjà que ton mari, l'homme que tu m'as imposé comme père, c'est un ivrogne, l'éponge de la place? Les trois mousquetaires de la bouteille: Frank, Big Pat et Crunch!» Mais je me suis retenu. Je me suis contenu pour éviter de faire de la peine à maman. Mais il y avait plus... je ne voulais pas embarrasser sœur Marie.

Bernard s'adosse au mur.

– Par-dessus tout, j'aurais voulu leur dire que le problème, ce n'était pas mon père. Que même si j'en étais venu à le mépriser, il n'était pour moi qu'une embêtante abstraction. Que le vrai problème, c'était autre chose, quelque chose qu'elles ne voudraient pas entendre... surtout, qu'elles ne pourraient pas comprendre. Pour le bien de tous, il valait mieux taire cette chose, la mettre sous scellés... C'est ce qu'une petite voix me soufflait sur mon oreiller, la nuit, dans mes rêves : *c'est mieux que tu gardes ça pour toi. Toute vérité n'est pas bonne à dire.*

J'offre à mon ami un regard de compassion. Il sourit doucement.

–Tout bourdonnait autour de moi. Je n'entendais plus très bien ce que la religieuse disait. Puis le son des pas de sœur Marie a résonné sur le vieux parquet. Je me suis précipité à l'autre bout du couloir. Je suis revenu tranquillement, les mains dans les poches, en sifflotant comme si j'étais au-dessus de mes affaires. J'ai souri à la religieuse en la regardant droit dans les yeux : « La récréation est terminée. » Elle m'a invité à la rejoindre dans la pièce. Maman essuyait ses larmes avec le bout d'un mouchoir. L'expression de la voix de sœur Marie était douce : « Tu sais, mon brave petit garçon, on fonde beaucoup d'espoir en toi, mais depuis quelques mois, tu n'es plus le même. » Elle a ajouté que j'étais sur une pente glissante et qu'on m'avait déjà donné des avertissements. « Tu as bien remis à tes parents les billets qu'on t'a donnés ? » Je lui ai retourné un sourire équivoque. J'ai vu maman mentir pour la première fois.

Elle a murmuré : « Bien sûr, nous en avons pris connaissance. Nous en avons parlé. » Sœur Marie n'a rien dit. Elle s'est penchée vers le tiroir du bureau et en a retiré une petite liasse de papiers : « Voici les copies carbone de tes bulletins des dernières années. » Je n'ai senti dans sa voix que compassion, aucune trace d'accusation. « Tu vois, depuis tes débuts ici, tu as toujours été parmi les premiers de classe. Mais depuis le milieu d'octobre, tes notes sont passées de A à des avertissements. Mon petit Bernard, à d'autres, je ne dirais rien, mais toi, tu peux faire tellement mieux. Tu nous l'as prouvé, jusqu'à tout récemment. » Sœur Marie a ajouté qu'un tel glissement était un mauvais présage. Je me suis efforcé de me souvenir de cette expression, « mauvais présage ». J'aimais la sonorité mystérieuse de ces mots. Maman m'a caressé l'épaule pendant que sœur Marie parlait. Pour couronner le tout, il y avait eu « ce déplorable incident lors du spectacle du temps des fêtes. Je n'ai pas à t'en rappeler les détails, n'est-ce pas ? » Maman a pris un air funeste. J'aurais voulu lui épargner davantage de peine, elle qui revoyait sans doute les images de la soirée en question défiler à vive allure. J'ai donc murmuré que je ne saurais oublier un tel incident, que ça me servirait d'exemple à ne pas répéter.

Les yeux de Bernard brillent d'un petit air espiègle. Je l'interroge.

– Vous vous étiez mis dans le pétrin ?

– Je l'admets. Mais juste un peu, après tout, ce n'était rien de criminel.

– Peut-être pas criminel, mais je devine que c'était tout de même embêtant pour bien des gens.

– C'est bien possible… Écoutez, je vais vous raconter l'incident qui a fait parler de moi partout à Saint-Boniface, et même jusqu'en Saskatchewan et dans l'Ouest ontarien.
– Vos quinze minutes de gloire ?
– Écoutez bien.

10

Des enfants suivent leurs monitrices le long du couloir. Ils rient et se bousculent pendant que, d'une voix presque enjouée, Bernard entreprend de relater le mystérieux événement dont il a promis de me révéler les détails.

— Le déplorable incident dont j'ai été l'acteur principal se rapportait à ma capacité de chanter ou, comme le disait sœur Berthe, à mon incapacité d'aligner deux notes de suite. Sœur Berthe était une vieille religieuse qui nous enseignait le chant. Elle nous avait assidûment préparés pour la chorale, qui était l'élément principal du spectacle de Noël. Sœur Berthe avait tôt fait de juger que je n'étais pas très doué pour la musique. Elle aurait bien voulu me renvoyer de la chorale, mais s'est butée aux insistantes pressions de sœur Marie. Elle m'avait donc placé au milieu du groupe, avait levé le doigt vers ma bouche en m'ordonnant de n'émettre aucun son et avait dit: «Chante comme un poisson!» La vieille religieuse avait ensuite bougé les lèvres pour me montrer comment faire. J'avais eu l'impression qu'elle pensait que j'étais trop débile pour comprendre.

— Ce qui vous a sans doute insulté devant les autres écoliers…

— Attendez, vous allez voir, cette situation est plutôt rocambolesque. Imaginez que vous êtes dans l'auditorium d'une école.

Je joue le jeu en fermant les yeux de façon ostentatoire, comme un enfant qui joue à cache-cache.

— Alors voici. Le grand soir arrivé, le parterre de l'auditorium était rempli à craquer. La première rangée était réservée aux dignitaires : monsieur l'archevêque était assis dignement au milieu, à sa droite, la mère supérieure et, de chaque côté, les députés, le maire. En somme, tout le gratin bonifacien y était. Il faut savoir que la chorale du Jardin de l'enfance, c'était un événement couru parmi la communauté francophone du Manitoba. Elle avait surtout acquis une certaine notoriété depuis sa prise en charge par sœur Berthe. Comme toujours, on ne manquait pas de réserver une place de choix, tout en avant, au commissaire d'école. C'était un vieux monsieur distingué, à la moustache bien taillée et aux cheveux blancs, venu expressément de Winnipeg. Le commissaire ne comprenait pas toujours ce qui se disait autour de lui, mais il souriait beaucoup et hochait savamment la tête lorsqu'on lui parlait en français. À tout bout de champ, il lâchait fièrement : « J'ai étudié *la Parisian French, not the Canadian one*. Je voyagé boucoupe à la France, *quite a bit actually, I should say.* » Mère supérieure ne manquait pas de le féliciter « *for the delicious intonations of your so beautiful accent, Misteur Morrison* ».

Bernard tousse. C'est un signal pour que j'ouvre les yeux. Il me regarde.

— Je dois préciser que le talent pour la musique empêchait sœur Berthe d'être tout à fait laide.

Je ne suis pas vraiment certaine de comprendre le sens de sa remarque, mais je ne dis rien, parce que Bernard affiche un air satisfait d'avoir trouvé ce mot.

— L'événement servait surtout de vitrine pour mettre en valeur l'enseignement des sœurs Oblates de Marie Immaculée. Il fallait donc épater la galerie et s'assurer que la soirée se déroule sans anicroche. C'est justement pourquoi on m'avait garé en plein centre de la chorale en m'ordonnant de faire la carpe.

— Ça me rappelle les spectacles de fin d'année à mon école primaire. J'imagine que les enfants étaient impressionnés par la présence de toutes ces personnes importantes !

— Nous étions surtout charmants à voir, alignés sur l'estrade, vêtus de nos plus beaux atours. Sœur Marie m'avait pris à part pour me dire que j'étais «beau comme un cœur». Ce commentaire m'a porté une bonne partie de la soirée, avant que je décide de me mettre en valeur.

Bernard rigole. Il ajoute que sa prestation lui a même valu une mention toute spéciale dans l'hebdomadaire manitobain, *La Liberté et le patriote*. L'article était coiffé du titre *L'incident de la chorale*.

Je lui tire la pipe :

— Vous étiez déjà une vedette !

— En quelque sorte, mais pas nécessairement du genre qu'on aurait voulu. Tout a bien commencé. Nous avons entonné divers chants de Noël, dont un en anglais à l'intention du commissaire d'école. M. Morrison a souri en remuant respectueusement la tête de haut en bas. Il a plissé les lèvres en murmurant *O Holy Night! The stars are brightly shining.* Les dignitaires, les parents et les autres invités nous ont chaleureusement applaudis lorsque nous nous sommes arrêtés pour l'entracte. L'archevêque était ravi et la mère supérieure a rougi lorsque le commissaire d'école l'a félicitée : « *That is a job well done, Sister.* » Sœur Berthe était radieuse. Elle se glissait entre les dignitaires avec la grâce d'un phoque sur la glace printanière ; sa coiffe blanche empesée sautillait au gré des louanges.

— À votre regard, je sens que les choses se sont gâtées.
— Certaines personnes ont plutôt parlé de « dérapage ».
— Auquel vous n'étiez évidemment pas étranger.
— J'admettrai ceci, Marjolaine : disons qu'à la reprise, je me suis lassé du rôle effacé dans lequel on m'avait confiné. J'ai continué à bouger les lèvres sans émettre de son. Mais à la très grande consternation de sœur Berthe, au grand dam de la mère supérieure et à la surprise générale de l'assistance, je me suis mis à exagérer le mouvement des lèvres et des bras et à bomber le torse. Je voulais imiter les chanteurs du Metropolitan Opera. Je vous ai peut-être déjà dit que maman écoutait parfois les téléconcerts lorsque mon père était absent ? Elle me faisait enfiler de gros bas de laine en me disant de patiner au rythme de la musique pour mieux polir le plancher du salon. Ensuite, elle me parlait de Caruso, de Maria Callas, de Mario Lanza et des autres grands chanteurs.

— Vous avez volé la vedette aux autres membres de la chorale !

— En tout cas, j'ai été le clou de la soirée. Sœur Berthe a perdu le rythme de la musique; les autres élèves se sont mélangés dans leurs accords. Certains parents m'ont dévisagé. À ma grande surprise, mon père a assisté au concert. Il a roulé plusieurs fois les yeux du sol au plafond et du plafond au sol. Après le spectacle, maman m'a pris par la main en me sermonnant doucement: «Cette fois, mon grand jeune homme, je crois que tu es allé trop loin.» On me dit que sœur Marie m'a défendu contre les plaintes de sœur Berthe.

— Mais il me semble qu'on s'en faisait beaucoup pour si peu.

— C'est qu'il fallait maintenir la réputation de l'institution devant toutes les personnes importantes qui s'étaient déplacées. L'archevêque, le député, le maire, le commissaire, les Jésuites du collège: ce n'était pas rien, chez nous.

— Si vous permettez, je dois me situer dans votre récit. Vous étiez donc dans le bureau avec sœur Marie et votre maman lorsqu'il a été question de la chorale. C'est bien ça?

— Vous avez bien raison de me rappeler à l'ordre. Vous devez parfois trouver que j'emprunte trop de détours?

— Au contraire, j'en apprends de plus en plus sur vous.

— Alors, voici. J'évitais le regard de sœur Marie et de maman dans la pénombre du grand bureau. La religieuse a placé sa main sur la mienne. Elle a dit qu'il n'était pas trop tard pour me ressaisir: «Il faudrait que tu participes à la vie scolaire. Tu ne lèves jamais la main. » Je lui souriais, presque béatement. Elle a repris, la voix empreinte de compassion : « Tu promets de te porter volontaire avant que j'aie à te demander d'effacer le tableau, tu sais, comme tu le faisais avant ? » Elle n'a pas terminé sa phrase. Je n'ai pas relevé son invitation à m'expliquer. Elle m'a presque imploré : « Tu voudrais distribuer la collation ? Ou peut-être aider à surveiller dans la cour de récréation ? » J'affichais un air impassible. Je ne disais rien. Je ne me voyais surtout pas faire le flic de cour d'école.

– Je dois avouer que moi non plus, je ne vous verrais pas jouer ce rôle.

– Comme toujours, j'étais solitaire au milieu de la cohue. Je demeurais néanmoins un observateur privilégié de tout ce qui m'entourait. Je me savais déjà destiné à ne pas prendre parti, à demeurer à l'écart des courants, des modes et des mouvements.

– Ça, c'était vrai pendant que vous étiez à l'école, et ça l'a été plus tard dans votre vie d'adulte, du moins lorsque nous nous sommes connus.

– Et je crois bien que ça l'est encore aujourd'hui. Sœur Marie a souligné l'importance pour moi de développer ce qu'elle appelait « le sens civique ». Je ne voyais cependant pas d'utilité à tout ce charabia. Mes problèmes étaient plus importants que des chamaillages de cour d'école. Je demeurai muet. Je savais déjà qu'il valait mieux ne pas en découdre, éviter l'affrontement. Je lui ai offert un sourire, équivoque certes, mais que sœur Marie a interprété comme une forme d'acquiescement.

– Vous aviez donc déjà appris que les promesses sous-entendues n'engagent à rien de concret ?

— En tout cas, sœur Marie était rassurée. Elle s'est levée. Elle a contourné le gros bureau en chêne et s'est penchée vers moi : « J'ai une belle offre à te faire pour t'encourager. J'en ai parlé à ta maman tout à l'heure. Tu verras, si tu te forces, tu vas être récompensé. » La religieuse souriait tendrement lorsque nous avons quitté son bureau. Main dans la main, maman et moi avons pris le chemin du retour vers la maison. On aurait dit qu'elle trahissait un secret d'État lorsqu'elle a glissé tout bas : « Ta récompense a rapport avec la reine d'Angleterre. Mais tu devras faire des progrès, mon bel ange, si tu veux la mériter. » Je ne sais pas si elle était confiante que mon comportement s'améliorerait, mais si elle n'était pas dupe de mon manège elle n'a rien laissé paraître. Elle jugeait sans doute préférable de ne pas me heurter, de m'accepter tel que j'étais. Quelques années auparavant, pendant les vacances estivales, alors que nous visitions le grand zoo du parc Assiniboine, maman, rieuse, s'était exclamée que je semblais examiner les gens comme un curieux qui observe les animaux dans leur cage. Elle m'avait taquiné : « Vas-tu nous lancer des cacahuètes ? » J'avais reçu cette remarque comme un compliment.

Bernard et moi rions, complices.

— Au cours des mois qui ont suivi, je me suis appliqué en classe. C'est du moins l'apparence que je voulais donner, surtout pour qu'on me fiche la paix. Sœur Marie-des-Oliviers veillait sur moi. Elle m'encourageait avec des paroles bienveillantes, que je méprenais toutefois pour des mots doux. Mes résultats scolaires se sont améliorés. Maman était fière que je reçoive à nouveau des bulletins roses de bonne conduite. Sœur Berthe en est même venue à dire qu'après un bien malheureux moment de délinquance, j'étais finalement rentré dans le rang. En réalité, je voulais surtout mériter la récompense que sœur Marie me faisait miroiter.

— Et pour ma part, je suis bien curieuse de connaître cette récompense.

— C'est que j'élaborais en secret des scénarios qui me permettraient de profiter de cette nouvelle occasion pour faire mon baroud d'honneur aux événements à la source de mes malheurs des derniers mois.

11

Mon ami m'invite à m'asseoir sur les marches extérieures du Jardin de l'enfance. Après un court moment de réflexion, il reprend:

— Vers la fin de l'année scolaire, sœur Marie-des-Oliviers nous a de nouveau convoqués, maman et moi. Maman disait que l'heure était venue de dévoiler les détails de ma récompense *pour m'être pris en main*. Mon père, lui, était plus terre à terre: «Tu vois, le gars, ça va ben mieux depuis que t'arrêtes de faire le maudit p'tit cabochon.» Sœur Marie était fière de m'annoncer que j'avais *décroché le gros lot*, petit chanceux que j'étais. Pour ma part, je ne laissais pas voir que j'étais curieux. Sœur Marie avait le sourire aux lèvres et les mains jointes: «Je suis tellement, tellement heureuse de confirmer que ton nom a été retenu. Tu es celui qui va accueillir notre reine lorsqu'elle va venir nous visiter, dans quelques semaines.»

J'affiche un air interloqué. Bernard confirme:

— Eh oui, j'allais être le seul enfant de tout Saint-Boniface! Je me souviens que la religieuse ait lancé un regard émerveillé vers maman, et expliqué que le gouvernement avait insisté pour que ce soit un petit Canadien français qui ait l'honneur de souhaiter la bienvenue à «Sa Gracieuse Majesté, notre reine». Puis, sœur Marie s'est tournée vers moi : «Imagine! Toi, oui, toi, notre petit Bernard à nous!» Monsieur le maire lui avait dit que nous pourrions ainsi démontrer «à toute la planète» la vigueur du Manitoba français. Sœur Marie a alors placé une main sur ma tête : «N'oublie pas de porter ton costume de première communion», m'a-t-elle demandé. Il s'agissait de mon pantalon gris, mon blazer marine et ma cravate rouge. À l'intention de maman, elle a formulé une demande spéciale : qu'elle me peigne avec un petit coq, «comme Tintin», puisque ça m'allait si bien.

— Tintin? Il faut croire que vous avez bien changé, Bernard... Mais c'est un compliment, vous savez.

Son expression veut dire : «Que voulez-vous? On est comme on est.»

Je poursuis :

— J'imagine que les paroles de sœur Marie-des-Oliviers vous ont fait chaud au cœur.

— Surtout à maman. Pour ma part, je me suis vite mis aux derniers préparatifs de mon plan. Venez, je vais vous montrer.

Nous quittons la cour de la garderie et marchons le long de deux pâtés de maisons, jusqu'à un grand parc, où quelques personnes âgées sont assises en silence sur un banc. Mon ami cherche ses mots, puis il s'anime.

— C'est là-bas, au fond du parc Provencher, que j'ai eu un comportement qui, en certains cercles bien-pensants, a suscité la controverse. On m'avait donc choisi, parmi les finissants de toutes les écoles primaires de la région, pour présenter, au nom de la communauté franco-manitobaine, une gerbe de fleurs à la reine Elizabeth II. Notre souveraine effectuait une tournée à travers le Canada. Aux dires de nos édiles, en faisant escale à Saint-Boniface, elle nous graciait de sa présence.

— La reine est venue faire un tour à Saint-Boniface? Ah bon, je ne savais pas.

Bernard sourit.

— Écoutez plutôt, vous verrez. Donc, maman était assise à mes côtés, dans la première rangée, près des dignitaires, face à la reine. Maman s'était vu offrir une magnifique robe pour l'occasion. C'était un cadeau d'une dame que nous appelions «la dame juive». Elle venait à l'occasion aider maman dans ses tâches. Elle m'apportait des livres — surtout ceux de London, Hemingway, Steinbeck — et me faisait même la lecture à haute voix: c'était sa façon de m'initier à la langue anglaise. Au début, je ne comprenais strictement rien de ce que la dame lisait. Elle détachait donc chaque syllabe de chaque mot. Elle m'expliquait ce que les personnages faisaient, et parfois, mais pas trop souvent, elle traduisait. Elle disait qu'il était important que j'apprenne la langue qu'on parlait là où elle vivait, là-bas, de l'autre côté de la rivière Rouge. Elle appelait ça «apprendre par osmose». Je tendais l'oreille; la sonorité qui se dégageait des mots me plaisait. La dame juive avait une belle voix, basse, presque rauque comme une chanteuse de jazz, une voix calme et rassurante. Mes oreilles étaient toutes grandes ouvertes. Elle variait parfois nos exercices. Elle a inventé ce qu'elle appelait «le jeu de la devinette», qui consistait, après avoir lu les derniers mots au bas d'une page, à deviner ce que seraient les premiers mots de la page suivante. C'est ainsi que j'ai appris les rudiments de l'anglais. Plus tard, ça m'a permis de maîtriser cette langue et de l'aimer.

– Alors, Bernard, vous vous êtes tenu devant la reine Elizabeth II, ici, dans le parc Provencher?

– Ah oui, c'est vrai, et j'étais très fier d'être vu en public avec maman, si bien vêtue devant cet éminent parterre. Le maître du protocole avait une allure sévère. Il a fait de grands gestes de la main pour m'indiquer que mon tour était venu de m'exécuter. Je me suis levé de façon solennelle, comme on m'avait montré à le faire pendant les répétitions. Le fonctionnaire avait dit et redit: «Fais ceci, ne fais pas cela. Marche comme si tu avais un balai dans le dos. Surtout, surtout, on ne touche pas à Sa Gracieuse Majesté! Compris, là?» Comme absent de moi-même, je me suis dirigé, le dos bien droit, vers la reine, un gros bouquet de fleurs à bout de bras. Je la fixais résolument dans les yeux. «C'est une chose interdite, on ne dévisage pas la royauté», avait dit le monsieur au bec pincé. Je revoyais chaque étape de la tâche à accomplir. J'étais bien décidé à laisser à cette importante personne venue de loin un impérissable souvenir de Saint-Boniface.

– Et je soupçonne, aussi, de vous-même?

– Oui, c'est vrai, je dois l'avouer.

Bernard rit, puis s'arrête pour penser à la suite de son histoire. Il pointe du doigt le côté opposé du parc, là où se trouve un terrain de baseball.

— Je me suis avancé vers l'estrade d'honneur. En réalité, il ne s'agissait que d'une rangée de chaises pliantes en métal placées devant la ligne du premier but. Rendu devant les dignitaires, j'ai marqué un temps d'arrêt. J'ai recommencé à marcher, dans un état de demi-conscience, vers la reine. Au grand dam de son aide de camp, j'ai fait signe de la main à la bienveillante souveraine de se pencher vers moi.

Un petit sourire se dessine sur les lèvres de Bernard.

— À ma façon, j'allais mettre en pratique les enseignements de la dame juive. J'ai dit d'une voix ferme : « *How are you today, my fair lady? You are such a thing of beauty.* » J'ai fait une pause pendant que la reine me regardait d'un air amusé. Tout autour, on avait des airs interrogateurs. Puis, j'ai ajouté d'une voix forte : « *But your slip is showing, Majesty.* » Elizabeth a rapidement baissé les yeux vers le bas de sa robe et elle a placé les mains sur ses genoux. Son entourage m'a jeté une série de regards assassins.

— Bien, voyons, Bernard! Vous avez vraiment dit ça à la reine?

— Oh, mais attendez un peu la suite… La reine s'est penchée vers moi, étonnée par ma hardiesse. Je me suis levé sur le bout des orteils. J'ai laissé les fleurs tomber à ses pieds. J'ai pris le visage royal entre mes mains et lui ai planté sur les lèvres le plus juteux des baisers que cette auguste personne aurait pu imaginer. C'était le genre de baiser dont rêvaient les garçons en reluquant les filles de l'Académie Saint-Joseph entre le grillage de la clôture. J'ai salué les Oh! et les Ah! de la foule par un large sourire teinté de rouge à lèvres royal. Les fonctionnaires, plus affairés les uns que les autres, m'ont fait les gros yeux. Ils craignaient l'incident protocolaire.

Bernard toussote.

— Ça, c'est une chose qui ne paraît jamais bien dans un curriculum vitæ. Mais j'étais loin de ces considérations, enfermé comme je l'étais dans ma petite bulle.

— C'est plutôt cocasse comme épisode, je trouve.

— À cette époque, on était tellement plus guindé qu'aujourd'hui, et pas seulement en présence de la royauté. Lorsque je suis retourné à ma place, maman n'était pas dans son assiette, mais alors pas du tout. Elle m'a accueilli avec une bise inquiète sur le front, tout en regardant autour d'elle.

— Après ça, j'imagine que votre père devait être pas mal fâché, non ?

— Oh, mon père, je n'ai même pas remarqué sa réaction. Pour sa part, sœur Berthe, en grande discussion avec sœur Marie, secouait sévèrement la tête. J'imagine que sœur Marie regrettait d'avoir mis de l'avant ma candidature. Elle ne semblait pas en mener large.

Comme je suis dubitative quant à son récit, Bernard devient philosophe.

— Comprenez, Marjolaine, si la mémoire est une faculté qui oublie, elle est aussi une force créatrice. La mémoire peut embellir certains souvenirs et, ce faisant, rendre notre existence plus acceptable.

Bernard m'ignore alors que je veux protester.

— Disons que, dans ce cas précis, c'est peut-être ainsi que j'aurais voulu que les événements se déroulent. En réalité, peut-être que je me suis tenu en bordure du terrain, à examiner les gens d'un air impassible.

Mais il est également possible que j'aie été ce garçon qui a embrassé la reine d'Angleterre et de tout le Commonwealth britannique. Peut-être aussi s'agit-il d'un tout autre événement et que je n'ai jamais même vu la reine. Comment savoir?

— Ou se peut-il qu'elle n'ait même jamais mis les pieds à Saint-Boniface?

Bernard hausse les sourcils en souriant.

— Est-ce vraiment important que chaque souvenir soit tout à fait conforme à la réalité?

Je me demande comment je vais pouvoir trier le vrai du faux de ce que Bernard vient de dire.

— Si je comprends bien, Bernard, ce récit est véridique parce que c'est ainsi que vous le racontez?

— Si vous voulez, si vous voulez. Revisitons le passé à notre guise. Où est le mal? Et puis, pourquoi laisser quelques faits anodins entraver la trame narrative d'un souvenir?

— Puisque c'est l'état d'âme qu'on en retire qui doit primer?

— Je crois bien que oui.

Nous ne disons rien pendant plusieurs secondes, puis mon ami reprend.

— Pendant que les dirigeants politiques se scandalisaient de mon affront à Sa Gracieuse Majesté, c'est un véritable prince, Philip, qui est venu à ma rescousse. On peut dire que le vent a tourné en ma faveur lorsque le prince consort, dans son humour tout britannique, a déclaré aux journalistes du *Winnipeg Free Press* et de la CBC: «*Actually, I found the young man to be quite charming. I shall have to ask him a few pointers on the art of seduction, as I do not believe I myself have recently had such a close encounter with Her Majesty.* » À l'intention des médias francophones, il a ajouté, un sourire au coin des lèvres : « Son geste était plutôt innocent, *by golly!* Je dois l'admettre, ce qu'il a fait est rafraîchissant. Ce jeune homme, comment dites-vous, il a du cran. Nous, à Buckingham Palace, nous dirions plutôt : *He has testicular fiber.* » Les membres de la Légion canadienne et les autres royalistes ont alors cessé de publiquement décrier mon crime de lèse-majesté. Depuis lors, je voue une admiration toute particulière à ce grand monsieur silencieux à l'allure distinguée qui se tient toujours légèrement en retrait de sa femme.

Bernard marque une pause. Puis il se tourne vers moi, me fixe droit dans les yeux.

— Tout prochainement, je le souhaite sincèrement, je pourrai vous expliquer comment, sous cette apparence parfois teintée de désinvolture frondeuse, était tapi un petit garçon à l'âme effarouchée. En agissant comme je l'ai fait, je pense que je ne cherchais ni à bousiller leurs activités ni à me comporter en clown de pacotille qui veut absolument se faire remarquer. Je ne sais pas. Peut-être que j'aurais voulu répondre à une question que l'on refusait de me poser… Je ne sais pas.

— On n'a jamais toutes les réponses, Bernard. Et cet après-midi, c'est peut-être trop tôt pour approfondir tout ça.

— Vous avez peut-être raison.

Nous marchons en silence jusqu'à son auberge. Mon ami est songeur.

— Demain matin, vous voudriez bien m'accompagner au lac Winnipeg ?

Je lui parle doucement.

– Mais oui, cher Bernard, je vais passer vous prendre tôt en matinée. Si je me souviens bien, c'est à une bonne heure de route.

Bernard ralentit le pas. Nous nous quittons en silence, puisqu'aucun autre mot ne pourrait être dit. Je me retourne brièvement pour le regarder s'éloigner.

12

Lorsque je suis allée chercher Bernard à son auberge, ce matin, les rayons du soleil dessinaient des tresses dorées entre les feuilles vertes des arbres. J'ai dit à Bernard que le ciel bleu laissait présager une belle journée à la plage. En souriant, il a désigné les effets à ses pieds : la propriétaire de l'auberge nous avait préparé un pique-nique. Pendant que je rangeais une glacière et un sac de plage dans le coffre de ma voiture, Bernard s'est installé côté conducteur. Il a insisté pour prendre le volant.

– Je veux retracer la route vers le lac de mon enfance. À nouveau me tremper les pieds dans la source de vie.

Un chien s'est mis à aboyer. Bernard l'a regardé.

– J'espère que ma quête ne sera pas aussi futile que celle de ce chien qui court après un camion d'ordures.

Nous n'avons rien dit d'autre depuis que nous avons commencé à rouler sur la route 59 vers le lac Winnipeg. Finalement, Bernard sort de son mutisme. Il murmure quelques mots, que j'entends à peine :

— Le chemin menant à la sérénité est parfois un sentier rocailleux.

Je ne tente pas de déchiffrer ce qu'il vient de dire. Je me dis que ce matin, il a pris son allure de sombre poète mystique. Nous avançons lentement, trop lentement au goût des autres automobilistes. Bernard est indifférent aux klaxons derrière nous; il ne se soucie pas non plus des regards sévères des conducteurs qui nous dépassent. Parfois ses lèvres bougent. Bernard marmonne quelques mots; il se répond à voix basse.

Un camion de transport émet un nouveau beuglement. Je me penche vers le tableau de bord; j'allume la radio. Une femme et un homme débattent de politique, de société, de culture, on ne sait trop, peut-être même de sport. Comment savoir? Tout est entremêlé. Bernard tend la main vers le bouton de l'appareil. Il sort de sa bulle, irrité.

— De grâce, s'il faut meubler nos silences, que ce soit autrement que par la cacophonie de cet appareil infernal.

Sa main hésite, puis enfonce un bouton. La radio s'éteint. Bernard retrouve son calme.

Mon ami promet de se concentrer sur la route. Il dit qu'un peu de silence nous sera salutaire. Il tient le volant à deux mains. Après un moment, dans un geste qui se veut banal, sa main droite revient de façon nonchalante vers l'arrière. Sa main s'arrête sur le pommeau de vitesse, puis elle coule vers moi, et se pose sur mon genou. Je ne bouge pas. Sa main remonte lentement ma cuisse. Elle s'arrête à mi-cuisse, puis remonte à nouveau, lentement, plus haut. Je ressens une légère pression, même si sa main ne fait qu'effleurer ma cuisse. Je demeure perplexe devant son audace. Je remarque pour la première fois que sa main est tachetée; autrefois, il disait qu'une fois apparues, ces taches brunâtres annonceraient son entrée dans ce qu'il appelait «le bel âge». Ses ongles, par contre, sont toujours aussi bien soignés, comme s'il sortait tout juste de sa manucure du Westmount Square. Je replie fermement la cuisse vers l'intérieur, d'un geste sans équivoque. Le signal est clair: la voie est bloquée. Nous ne bronchons pas. Chacun veut voir ce que l'autre va faire. Comme deux adversaires qui se fixent du regard, nous maintenons nos positions. Il hésite, mais n'insiste pas et glisse la main vers mon genou. Il s'y arrête un bref moment. Le mouvement est empesé, comme s'il regrettait d'avoir osé, ou peut-être de devoir s'arrêter, de ne pas pouvoir poursuivre sa quête. Il me regarde de biais. Je crois déceler quelques parcelles de passion dans son regard. Puis, d'un geste rapide, Bernard retire la main de ma cuisse et la place sur le volant. Il scrute le long ruban de route, droit devant. Il a l'air gêné de celui qui veut se repentir. Il marmonne d'un air penaud:

– Je suis sincèrement désolé de ce bref égarement. Je sais, nous avons parlé de ces choses, nous avons convenu. J'en suis désolé.

Je place les mains sur mes cuisses comme des boucliers, en regardant le paysage défiler à ma droite. Je veux dire quelque chose, je ne sais trop quoi, mais je n'y arrive pas. Les paroles de Bernard me parviennent de loin.

– Ça se voulait innocent, ajoute-t-il.

Nous avions pourtant mis les choses au clair lorsqu'il m'avait fait part de son projet. J'avais hésité, jusqu'à ce que nous convenions qu'entre nous il n'y aurait plus ni passion ni amour. Je voudrais lui en dire plus, lui parler de toutes les choses qui sont restées lettre morte entre nous.

C'est alors que, d'une voix neutre, Bernard ajoute :

— Si nous écoutions un peu de Bach ?

Je lorgne la route. Il insiste.

— Bach serait propice à notre sérénité, ne croyez-vous pas, Marjolaine ?

Avec lui, ça a presque toujours été Bach, comme un rituel. Bach, mais aussi Barbara, parfois Leonard Cohen ou Léo Ferré.

Il hésite, comme pour corriger le tir.

— Peut-être préféreriez-vous…

J'interromps Bernard avant qu'il commette un autre impair, en ajoutant « une musique de votre génération » ou quelque chose du genre.

— Oui, Bach sera bien, vous savez, je l'aime beaucoup.

Je me retiens de préciser : « C'est vous qui m'avez appris à aimer Bach… » Bernard se renferme dans ses pensées en fixant la route.

Il chantonnait parfois des airs d'une autre époque. Ferré et Aragon, souvent. Ça m'importe peu en ce moment. Mon silence est plus éloquent que ne l'auraient été mes paroles.

Le paysage défile maintenant à plus vive allure devant nous. Dans les champs, de chaque côté de la route 59, les blés d'été en sont à leurs premières pousses. La terre vit à nouveau après un long deuil hivernal. Bernard parle tout bas, l'air songeur.

– La lumière ne peut jaillir que de la noirceur. C'est dire que ce n'est qu'en mourant qu'on peut revivre.

Je ferme les yeux, je les ouvre, je les ferme et les ouvre à nouveau, dans un lent flottement médusé plutôt que dans un clignement nerveux. Je tends le bras par la fenêtre. Le vent sec des Prairies balaie mes cheveux. J'abaisse mes verres fumés sur l'arête de mon nez. Je m'emmure en moi-même comme une huître.

Après un moment d'hésitation, Bernard éteint la musique. Il s'est tu. Je respire mieux en ce moment, alors que nous sommes réfugiés chacun de notre côté. « Ce bref égarement… » Ces mots flottent devant mes yeux ; ils défilent sur le pare-brise comme le générique d'un film sur un écran de cinéma. À une autre époque, Bernard parlait surtout de « notre douce délinquance ».

Les images me reviennent. Je sortais à peine de l'université. Ma mère était déçue ; elle aurait voulu que je choisisse quelque chose de plus sérieux – droit, médecine, architecture, ce qu'elle appelait une noble profession –, et que ce fût dans une grande université – de préférence McGill, pas l'UQAM, que j'ai finalement fréquentée en arts et littérature. Maman a fini par se résigner, même si je crois bien qu'elle m'en a voulu de ne pas monter de quelques crans dans la société. Mais il fallait que je trace ma propre voie, pas que je prolonge la sienne.

En attendant quelque chose de meilleur, j'ai interviewé Bernard pour un petit magazine. Il a insisté pour m'inviter à déjeuner dans son club privé du Vieux-Montréal. Moi, la jeune femme en début de carrière, et lui, l'homme bien en vue à qui tout réussissait. L'article était coiffé du titre *L'Homme-orchestre*. Il m'a gentiment taquinée. Il a dit que les responsables de la publication ne s'étaient pas forcés pour trouver un titre à la mesure de la qualité de mon article. J'ai rougi, n'osant pas admettre que l'idée venait de moi. On le disait gourou des communications. Collectionneur d'art et mécène. Il avait publié quelques romans remarqués et des recueils de poésie que l'on disait inspirés; il était invité à des festivals littéraires, à la radio, à la télé. Tout en picorant ma salade, je prenais des notes. Je l'écoutais, je buvais ses paroles.

À la fin du repas, j'ai eu l'impression que les rôles avaient été inversés, qu'il me posait des questions auxquelles je répondais sans hésitation, avec entrain, même, les yeux grands d'enthousiasme. Je lui décrivais mes projets de carrière avec une ardeur croissante. Il m'écoutait attentivement, m'offrait un regard bienveillant. Il souriait tendrement. Nous avons convenu qu'il pourrait revoir mon texte avant publication. Il a tenu à préciser : « Mais uniquement pour que nous puissions valider certains détails, des faits, des dates, rien de plus. Après tout, c'est vous, la journaliste. » Nous nous sommes revus, une fois, puis une deuxième fois et, ensuite, plus souvent pour lui permettre de « s'informer de ma carrière ». Il disait : « C'est important de partir du bon pied. » De fil en aiguille, il m'a convaincue qu'il me serait profitable de commencer au sein d'une agence de communications stratégiques – la sienne, par exemple –, ce qui me permettrait de mieux me faire remarquer que par le petit magazine où je bossais trop pour trop peu.

Il m'a prise sous son aile. J'assistais à ses côtés aux réunions avec les clients. Il revoyait mon travail, me faisait des suggestions. Il ne manquait pas de me féliciter. Nous avons souvent travaillé tard en soirée, parfois les fins de semaine. De plus en plus souvent. On allait déjeuner, souper. Il aimait les grands restaurants ; le personnel et les autres clients le saluaient. J'étais impressionnée, mais aussi gênée qu'on nous voie ensemble. Je m'en faisais quant à d'éventuels commérages.

Bernard m'interrogeait au sujet de ma vie. Il me demandait qui j'étais, d'où je venais. Il m'expliquait que, d'une certaine façon, au début, pour mieux me concentrer sur ma carrière, il était préférable que je n'aie aucune attache. J'ai murmuré que j'habitais seule dans mon petit appartement. Je me suis empressée d'ajouter : « Petit, mais meublé avec goût. » J'ai dit que je n'avais pas de temps à consacrer à un homme, que mon dernier amoureux venait justement de me quitter parce qu'il me trouvait trop préoccupée par mon nouveau boulot. Bernard a posé la main sur la mienne. C'était une main forte et douce à la fois, la main apaisante de l'aîné, celle du père qui réconforte son enfant blessé. Sa voix s'est faite rassurante : « Les jeunes hommes sont parfois jaloux et bêtes d'insécurité. »

Peu à peu, d'une rencontre à l'autre, Bernard s'est mis à se raconter. Il fallait parfois tendre l'oreille pour l'entendre. Il avait appris cette technique pour mieux captiver son auditoire. « Un truc qui me vient d'exercices d'élocution, pendant mes années de collège chez les Jésuites. Ne pas inutilement élever la voix. » Avec les clients, dans ses discours, en entrevue, dans des soirées de poésie, le doux timbre de sa voix profonde appuyait son propos ; on se penchait en avant pour mieux entendre les secrets qu'il révélait.

La firme comptait plusieurs clients, dont certains importants, à l'étranger. En tant qu'associé principal, Bernard était appelé à beaucoup voyager. Il lui fallait une collaboratrice. J'étais la personne toute désignée. J'apprendrais ainsi tous les rouages du métier.

Même si ce n'était que par bribes, il se livrait parfois à des confidences. Il n'aimait pas parler de lui-même et surtout pas de sa vie privée. « Je ne suis pas très porté à me confier », expliquait-il, « c'est comme me demander de m'arracher moi-même une dent. » Il laissait cependant de plus en plus souvent entendre que sa relation avec sa femme lui devenait accablante. « C'est triste comme elle se laisse aller. C'est comme dans la chanson d'Aznavour. Vous écouterez, vous comprendrez. » Lorsque je suis retournée à mon appartement du Mile-End, j'ai écouté Aznavour, et j'ai compris ce qu'il voulait dire. Je me suis promis de ne jamais m'abandonner de la sorte, comme cette femme dont je ne connaissais pas le visage et dont je ne pouvais qu'imaginer la déchéance.

Puis, il y a eu Londres. C'est là que j'ai succombé à ses avances. Son regard était à la fois doux et ferme, comme sa voix. Ce regard me rendait faible, vulnérable. Il le savait. Ça ne me dérangeait pourtant pas, ça faisait partie de son charme, comme bien d'autres choses, d'ailleurs. Il s'est avancé vers moi, m'a fait la bise sur la joue. J'ai été surprise, peut-être un peu incommodée. Mais son geste m'a paru spontané. Plus tard, j'ai appris que chez Bernard, tout est calculé, exécuté avec soin. C'est un art méticuleusement entretenu. Son regard, sa voix étaient la claquette qui annonce le début du tournage d'une nouvelle scène au cinéma. Le clap assurait la synchronisation de l'image et du son dans notre relation. C'est ce que Bernard voulait, c'est ainsi que ce serait.

Nous étions dans le *Reading Room* du British Museum lorsqu'il m'a dit qu'il n'en pouvait plus de sa femme : « Je suis désolé de vous importuner ainsi. » Il était triste qu'elle soit devenue un fardeau. Bernard a prononcé le mot « mégère ». Il s'est rapidement excusé de cet écart : « Ce n'est pas dans mes habitudes, vous savez. » Il a ajouté que c'était devenu une véritable contrainte pour lui de la voir se flétrir. « Elle sombre dans un inimaginable étiolement. Elle a été ma muse, une femme gracieuse, d'une remarquable beauté. Ce n'est plus celle que j'ai épousée. Je le dis à regret... » Bernard était d'une tristesse inouïe. Son regard était d'une langueur inconsolable. Je l'ai réconforté.

Nous sommes montés à sa chambre d'hôtel. Il avait réservé des chambres communicantes au très chic Claridge. J'étais impressionnée. Bernard m'a dit que le succès appelait le luxe. Il s'est glissé derrière moi et a moulé mes petits seins dans ses mains en soufflant dans mon cou. Il m'a parlé, tout bas dans le creux de l'oreille, de l'incandescence érotique de Jane Birkin, de sa jolie poitrine qui conjure des convoitises évocatrices. Je me suis laissée couler dans ses bras. Puis tout s'est enchaîné. Bernard rayonnait dans son rôle de maître d'orchestre de l'amour. Il s'est révélé être un remarquable amant, délicat et attentionné. Il m'invitait à m'abandonner, à ne penser qu'à mon plaisir. Après, je me suis blottie contre sa poitrine ; il a murmuré que je lui avais fait le plus grand bien.

Il disait que ma présence le rajeunissait. Je le croyais. Sa jeunesse retrouvée se voyait à l'œil nu : à son pas plus agile, à son regard alerte. Il aimait mon style décontracté, mon apparence un peu gavroche : « Votre air canaille ne fait que rehausser votre incomparable beauté. » À ses yeux, j'étais nonchalamment belle. Ça me semblait l'ultime compliment. *Nonchalamment belle.* Je le croyais, j'en étais ravie. Je fredonnais ces paroles à tout moment, d'un air résolument juvénile, sur une musique fleur bleue.

Je glisse un regard à ma gauche. Bernard a un air sérieux. Il regarde droit devant, les deux mains collées sur le haut du volant, à dix heures et à quatorze heures, comme on nous l'enseigne dans les cours de conduite. Il se concentre sur la route, sans doute pour mieux ignorer ma présence.

J'ai revu Bernard à Montréal. Nos fréquentations se sont faites de plus en plus nombreuses, notre relation plus à découvert. Aujourd'hui, cette liaison peut paraître banale, presque dérisoire. Il était chevaleresque, sans être obséquieux. Sa délicatesse paraissait parfois dépassée, mais jamais, auparavant, un homme ne m'avait ouvert les portes, ne m'avait cédé le passage, n'avait tiré une chaise pour que je puisse m'asseoir, n'avait eu la courtoisie de m'aider à mettre mon manteau. Comment demeurer indifférente devant le baisemain galant ? Bernard me laissait parfois des billets doux, toujours sur du papier Saint-Gilles de la papeterie de Saint-Joseph-de-la-Rive. Il se laissait aller à des éloges romanesques. Il m'a écrit que j'étais «la commensale de nos chairs». Pendant que nous faisions l'amour, il me glissait à l'oreille, comme un mantra, de veiller à mon plaisir, que le sien saurait suivre. Il était avide de caresser parce qu'il émergeait d'une longue traversée du désert sentimentale où son mariage et d'autres événements l'avaient confiné. Je l'ai cru, et sans doute lui-même s'est-il cru. Il s'émerveillait de ce qu'il appelait «le raffinement de votre pubis». Aucun homme ne m'avait parlé de la sorte. J'étais loin du *Wham, bam! Thank you, ma'am!* auquel d'autres hommes m'avaient habituée. Je ne m'étais jamais sentie aussi exaltée après avoir fait l'amour.

❖

Je regarde Bernard pianoter de la main droite sur le volant. Il est impatient, peut-être nerveux. Je revois ces moments pendant lesquels il m'a initiée aux arts, aux vernissages, aux lancements, aux concerts et aussi à la gastronomie. Je ferme les yeux pour mieux retourner dans le passé. Il se plaisait dans la compagnie des artistes. Albert Millaire, Guido Molinari, Madeleine Ferron, Maureen Forrester. Je souris en me souvenant du regard sombre qu'il m'a lancé lorsque Leonard Cohen a retenu mes mains dans les siennes. Des souvenirs heureux remontent à la surface, même s'il me faut encore en exorciser d'autres, plus pénibles.

Lorsque nous nous sommes rencontrés, je savais qu'il était marié. Ça allait de soi: ce genre d'homme ne reste jamais célibataire bien longtemps. Avec le temps, je m'y suis faite. Comme au reste. Je me croyais unique dans son firmament; par après, j'ai compris que j'étais surtout le contraire de sa femme. Tant qu'à la tromper, aussi bien que ce fût avec une femme à l'opposé d'elle en style, en condition sociale, en âge. Je me suis prise à aimer Bernard. Profondément. Trop. Un jour, il promettait de quitter sa femme. Puis, le lendemain, il plaidait que, moralement, il ne pouvait pas la laisser en plan : « Après tout ce que nous avons construit, elle et moi, depuis si longtemps. C'est elle qui a été mon premier soutien. » Je l'ai averti que je mettrais fin à notre relation; j'ai répété ces menaces plusieurs fois.

Petite folle amourachée de ce grand homme, j'exagérais mon déhanchement. Lui, à mes côtés, marchait droit, son torse trahissait l'arrogance du conquérant. Je trouvais un certain charme à notre écart d'âge, à nos styles vestimentaires opposés. Un badge porté fièrement pour défier les conventions. Bernard me ramenait doucement, mais fermement à l'ordre : « Voyons, mon bel ange, il faut se montrer discret pour ne pas provoquer. Il ne faut pas choquer les mœurs. » J'ai voulu me conformer aux normes de sa société. Après tout, le couple n'est-il pas question de compromis? J'ai mis ma garde-robe à jour au rayon des dames chez Holt Renfrew; j'y ai laissé trois mois de salaire sur ma carte de crédit. Puis, tout d'un coup, il m'a reproché ma démarche, le joual que je glissais dans mes conversations. Bernard s'est mis à corriger mes fautes de français : « On ne dit pas *J'ai été*, on dit plutôt *Je suis allé...* » Il lâchait aussi : « Il faut savoir jusqu'où aller... Regardez ce diminutif, *Marjo*, tout de même! Pensez-y, ça ne fait ni sérieux dans une salle de réunion ni très romantique. Vous ne comprenez donc pas?» Je comprenais que personne n'aurait osé l'appeler *Bernie* ou lui donner un autre sobriquet réducteur. Ça allait de soi. Ce n'est que plus tard que j'ai compris qu'il agissait ainsi pour protéger sa réputation. Pour ma part, j'avais toute la vie devant moi pour me refaire la mienne, de réputation. Je me suis dit que c'était surtout que mon statut lui importait bien peu. Après tout, je n'étais que l'accessoire et lui, le principal.

Il y avait aussi, entre nous, cette infranchissable barrière du vouvoiement. Même dans le plus grand rapprochement de nos corps et de nos âmes, nous ne parvenions pas à apprivoiser le tutoiement. Le *vous* en est venu à couronner notre relation d'un certain air de noblesse. Cette habitude m'a longtemps dérangée. Puis, après notre séparation, j'ai recherché le vouvoiement comme un rempart de protection.

Nos sorties se sont espacées. Il était occupé au bureau et préoccupé par sa situation familiale. Il n'était plus question que nous emménagions ensemble. L'âge nous séparait. Cette différence – qui, auparavant, contribuait à notre élan romantique – était devenue un insurmontable handicap, un empêchement absolu. «Votre route est encore à tracer, alors que la mienne, vous savez...» Il a maîtrisé l'art des phrases laissées en suspens, qui, comme son filet de voix, incite à l'écouter attentivement.

Avant de venir sur la route du lac Winnipeg, je croyais pouvoir fermer les yeux sur ces souvenirs. Je pensais que je n'avais qu'à détourner mon regard pour les oublier. Par son geste grotesque, Bernard a tout ramené à la surface. Je respire profondément plusieurs fois pour trouver calme et sérénité. Je demeure immobile. On dirait qu'un filtre rend confus ces événements du passé. Je me concentre pour y voir plus clair.

Sa femme était malade, sa santé déclinait à vue d'œil, cela l'inquiétait au plus haut point. « Si je lui faisais ce coup, cette trahison pourrait lui être fatale. Ce serait trop injuste. » Il m'a au moins épargné le prétexte que c'était la première fois qu'il trompait sa femme, que cette exclusivité élevait notre relation au niveau du subliminal, ce qui aurait aussi été grotesque. Lorsqu'il m'a regardée dans les yeux, il m'a paru sincère. « Vous devez me comprendre ; de grâce, faites cet effort. » Je comprenais surtout qu'il me larguait. Bernard a voulu me caresser les mains. J'ai réagi comme une starlette de cinéma muet. Je me suis détournée de lui, le visage dans les mains. Il m'a dit que notre amour était fini. En sanglotant, j'ai sifflé que, de toute façon, l'amour était folie. Son discours avait changé du tout au tout. Au début, il me disait que sa vie ne pouvait être entière sans moi, puis tout à coup, sans avertissement, il m'évacuait de sa vie. C'était comme si je n'avais jamais existé. Je suis allée déposer mes nouveaux vêtements dans une boîte pour démunis de l'Armée du salut. De toute évidence, je ne convenais pas au style « madame ».

J'ouvre les yeux et je regarde, sans vraiment les voir, les voitures défiler en sens inverse. La circulation est devenue plus dense. Les rayons du soleil forment des éclats en s'écrasant sur le pare-brise. J'abaisse le pare-soleil. Je regarde les véhicules s'éloigner dans le petit miroir. Ils rapetissent, puis deviennent flous, se succédant l'un à l'autre. D'autres véhicules viennent vers nous dans la voie inverse. Ils nous croisent et vont bientôt à leur tour disparaître dans le miroir. La roue tourne.

⁘

Nous nous sommes évités. J'ai appris que sa femme a, comme par miracle, pris du mieux; des amis les ont vus main dans la main à la Place des Arts. J'en ai voulu à Bernard et je n'ai vécu, pendant longtemps, que de ressentiment. Je broyais du noir. Le milieu des communications est petit, les nouvelles se répandent à la vitesse de l'éclair. On a beaucoup parlé de nous, on était le *talk of the town* du milieu des comm' de Montréal. Je m'étais forgé une enviable réputation professionnelle. Des concurrents m'ont tendu la perche. On m'a fait des offres alléchantes, de celles qu'on ne peut refuser. Je n'ai pourtant rien accepté. J'ai plongé tête première dans mon travail. J'ai tout fait pour me surpasser. Mon ardeur augmentait au même rythme que l'indifférence de Bernard à mon endroit. Je ne comprenais pas encore que je me démenais pour attirer son attention. Aujourd'hui, je ne peux qu'être surprise de constater combien j'étais obsédée par cette blessure amoureuse. Je craignais surtout de perdre ce que je n'avais plus.

Un matin, alors que je planchais sur un projet d'envergure, Bernard est entré en dansant dans mon bureau. Il avait un large sourire aux lèvres. Il m'a tendu un bouquet de lys calla. Il m'a dit de tout mettre de côté, de ne pas protester, que ça pouvait attendre. Il a ajouté que la chance me souriait, qu'il avait une très grande nouvelle à m'annoncer. Ses gestes étaient trop délibérés, son sourire trop forcé, sa voix trop ferme, trop élevée. J'y ai vu un rayon d'espoir. J'ai souhaité qu'une flamme surgisse de sous le billot détrempé.

Bernard m'a invitée à déjeuner à son club de la rue de la Commune. Je savais qu'il commanderait un plat d'espadon. Le serveur savait quel vin apporter : un Châteauneuf du Pape blanc, Éric Tessier Vieilles Vignes. Bernard a mené la discussion avec doigté. Après les salutations d'usage, « Comment allez-vous ? » « La santé ? » « Vous paraissez en forme ; vous vous êtes remise au sport ? », il a scrupuleusement évité les questions plus embêtantes, celles liées à nos amours récents, et surtout à l'autre, la légitime.

Il a dirigé la conversation vers le travail, a parlé de la forte croissance du chiffre d'affaires de la firme. Il m'a annoncé qu'il avait réussi à convaincre les autres actionnaires de me verser un certain nombre de parts dans la société, qu'il a qualifié de « généreuse contribution à l'image de la vôtre ». Je l'écoutais attentivement, mangeais peu. Je le surveillais du coin de l'œil. Je voulais voir où il me mènerait.

Sa voix était chaleureuse, presque mielleuse.

— Ma très chère amie, une occasion unique d'avancement s'offre à vous.

Bernard a levé son verre de vin ; je l'ai imité en hésitant, sans trop savoir pourquoi. Il a dit qu'il avait une offre à me faire, que j'étais la toute première personne à qui la firme avait pensé. Il ne me faudrait pas trop hésiter. D'autres employés sauteraient sur l'occasion.

— Nous voulons profiter de la migration économique vers l'ouest du continent nord-américain. Nous avons donc décidé d'ouvrir un bureau là-bas, de poursuivre notre expansion vers la côte du Pacifique.

Des images de Vancouver, Seattle, San Francisco me sont, comme un baume, venues à l'esprit.

— Il nous faut quelqu'un digne de confiance pour aller sur place mener à bien notre entreprise.

Je me suis mise à fantasmer. Qui n'a pas rêvé d'une vie dans le pays des lotus, de l'autre côté des Rocheuses ? Bernard a laissé tomber :

— Nous allons commencer par établir une tête de pont à Winnipeg.

J'ai baissé le regard vers mon assiette. J'ai murmuré :
— C'est pas vrai, Winnipeg... *Winter-Fucking-Peg*! Quand même!

Il s'est rapidement repris.

— Mais ne craignez rien, ce n'est qu'un début. Nous allons ensuite poursuivre notre progression plus à l'ouest. Toutes nos études de marché indiquent que c'est la voie à suivre.

Ma fourchette a heurté mon assiette. Les autres clients nous ont regardés. Bernard a baissé la voix. Il s'est montré rassurant.

— Vous verrez, c'est une très belle ville, Winnipeg. Vous irez faire un tour du côté du Vieux Saint-Boniface. Je vous ai dit que j'y avais grandi ?

Non, il ne me l'avait pas dit, et c'était le cadet de mes soucis.

— Nous vous offrirons des conditions très avantageuses. Nous en avons discuté au comité de direction.

La décision a été unanime : vous êtes la personne toute désignée pour piloter ce projet.

Je sentais surtout que j'étais la personne toute désignée pour ne pas pouvoir refuser son offre. Je demeurais silencieuse en touillant distraitement ma salade niçoise à peine entamée. C'était peut-être pour moi une chance d'avancement, mais pour lui, c'était surtout une belle occasion de se débarrasser d'une ancienne maîtresse dont la présence était devenue trop gênante.

Son regard était compatissant, je dirais même paternel.

— Ce que nous avons vécu, vous et moi, est très beau, unique même, mais nous devons mettre le passé de côté. Nous devons penser à votre avenir.

Comme je ne disais toujours rien, Bernard a insisté.

— Vous comprenez, n'est-ce pas ?

J'ai compris qu'il en avait fini avec moi, qu'il pouvait passer à autre chose. Je savais surtout que mon avenir passait encore une fois par le sien. Il n'était plus mon amant, mais il demeurait mon patron. Il pouvait se montrer convaincant. Il laissait presque croire, le temps d'un repas, que cette idée de déménagement dans ce Midwest isolé au milieu d'un continent était de moi. Il me faisait sentir que je sollicitais son aide pour faire avancer ma carrière. Comme si j'étais à genou devant lui à l'implorer.

J'enlève mes verres fumés. Je place une branche dans ma bouche comme si je fumais une cigarette. Les yeux plissés, je regarde Bernard. Il tourne un œil vers moi, tout en gardant l'autre sur la route. Je risque un petit sourire, gêné au début, puis plus franc, qui veut dire : « Espèce d'aimable vieux schnock. » Bernard ne dit rien. Comme s'il devinait mes pensées, mon ami hoche la tête lentement. Il adopte son air embarrassé de faux repenti. Je sais que je ne pourrai pas lui en demander plus. Avec le temps, tout est pardonné, mais pas nécessairement oublié.

Après mon arrivée au Manitoba, nous ne nous sommes revus qu'à l'occasion de réunions d'affaires. Il m'invitait à déjeuner, à prendre l'apéro ; je ne pouvais chaque fois trouver une excuse pour refuser. Lorsque, au début, j'étais dépaysée à Winnipeg, il m'envoyait des petits mots d'encouragement, dorénavant en termes plus neutres, sur du papier officiel de la firme. Il me faisait aussi parvenir des articles qu'il avait écrits, des exemplaires dédicacés de ses livres ; je les ai lus en diagonale, surtout parce que je m'y sentais obligée.

Un de ses romans portait le bandeau rouge du livre primé. Je m'y suis attardée plus longuement. Bernard lui a donné le même titre que la chanson de Jean Gabin, *Maintenant, je sais*. Il ne m'a fallu que quelques chapitres pour comprendre qu'il s'agissait de la copie collée de notre relation. Je n'y voyais rien de surprenant : les écrivains ne sont-ils pas tous plagiaires de leur vie et de celle de leurs proches ? C'est Bernard qui m'avait dit ça. J'ai vu dans ce roman un réquisitoire sur la noblesse de son comportement, la pureté de ses sentiments à mon endroit. Aussi un plaidoyer à l'intention de sa femme, une façon de dire qu'il retournait humblement au bercail, que tout cela n'avait été, en somme, qu'une étourderie passagère et sans conséquence. C'était son moment d'étourderie à la Bill Clinton :

> Je sais, ma chérie, tu diras que je suis allé dans son lit et elle dans le mien, mais toi, toi, mon épouse, celle qui m'a choisi et que j'ai eu le bonheur de suivre, toi, tu m'interpelles tellement plus que cette gamine, cette petite folichonne d'un si court moment.

Tout y était : le style à la fois élégant et cajoleur. Face au gratin montréalais, c'était l'annonce officielle qu'il rentrait dans le rang. J'ai lu la moitié du roman d'une seule traite, avec une certaine rage aux yeux, puis j'ai été enveloppée d'un sentiment de lassitude.

Mon cœur, pliant à l'ombre, capitulait : « À quoi bon s'en faire ? » Tout ça n'était que du réchauffé. Il n'avait changé que les prénoms. Tout y était : le British Museum, les artistes, la poésie, la passion. Tout, sauf ce qui ne s'avoue pas en haute société, mais qu'on laisse deviner par des textes tout en nuances. Je n'ai pas terminé le livre. Je me doutais bien de la fin. Ou je m'en foutais. Je me souviens que j'ai murmuré : « *Who gives a shit, anyway?* » Je l'ai remisé avec ses autres livres sur l'étagère du bas de ma bibliothèque, près du mur, là où s'entasse la poussière des souvenirs. Il est allé rejoindre les carnets dans lesquels j'ai consigné tous les détours de nos amours, les moments forts comme les plus ténus, ceux de l'exaltation comme ceux des pleurs.

Je me suis isolée. J'ai débranché la radio et la télé, je me suis fusionnée à mon iPod et j'ai écouté en boucle Harmonium, Eric Clapton, Loreena McKennitt, Liona Boyd, des trucs langoureux qui se conjuguaient bien à mon état d'esprit. C'est ainsi que cette parcelle de vie s'est endormie avec le passage du temps.

❖

Le véhicule ralentit. Nous tournons à droite, quittons la route 59 pour emprunter un chemin d'asphalte craquelé. Sur un panneau, je lis *Saffie Road* quand nous roulons devant un petit magasin général. Nous tournons à gauche et avançons lentement dans la petite rue Girard. Le gravier crépite sous les roues. Bernard regarde d'un côté, puis de l'autre, vers les chalets qui longent le chemin. Il lève momentanément le pied de l'accélérateur lorsqu'il aperçoit l'affiche *À vendre* d'un agent d'immeuble. Il pose une question, plus à lui-même qu'à moi :

— Est-ce qu'il est possible d'y vivre à l'année ?

Nous nous arrêtons au bout de la rue, dans un espace de stationnement à l'ombre d'une rangée de grands bouleaux.

— Voilà, Marjolaine, nous sommes arrivés.

— À bon port ?

— Vous n'avez rien à craindre. C'est mon passé qui dort ici, pas le vôtre.

— Vous croyez ? Bon alors, commençons par aller voir le lac.

— Oui, la plage Albert est vraiment magnifique.

En sortant de la voiture, Bernard se tourne vers moi.

– Vous savez, Marjolaine, je ne suis pas revenu ici depuis plusieurs années… Je n'ai pas pu.

Je me charge de sortir nos effets du coffre de l'auto. Je les transporte jusqu'à la plage. Bernard me précède le long d'un sentier sablonneux. Il regarde autour de lui en marchant. Je ne sais pas s'il a hâte de retrouver le lac Winnipeg ou si au contraire il appréhende les découvertes qu'il pourrait y faire.

13

Bernard se retourne pendant que je me rends derrière un bosquet pour enfiler un maillot de bain. Une brise rassurante souffle du lac. La plage est presque déserte malgré le beau temps qu'il fait. Nous sommes tôt en saison, la plupart des vacanciers n'arriveront que la semaine prochaine, pour la fête du Canada. Lorsque je reviens près de lui, mon ami étend les bras dans un geste qui englobe le lac.

– Le lac Winnipeg. Cette plage Albert de mon enfance : la plus belle plage qui soit, avec le sable le plus fin de toute la planète !

Bernard me regarde d'un air amusé.

– C'est du moins ce que nous disions, et c'était vrai, parce que nous ne pouvions pas prouver le contraire. Nous ne pouvions donc pas nous tromper.

– Je reconnais là votre côté philosophe.

– C'est vous qui le dites. Mais allez plutôt profiter de l'eau. Je vais demeurer ici, à l'orée du bois. Ressourçons-nous chacun à la manière qui convient le mieux à nos habitudes… et à nos âges. Moi, ce sera à l'ombre.

Je traîne les pieds dans le sable fin qui descend en pente douce vers l'eau. Des vaguelettes viennent s'étendre sur le rivage. Le grand lac est calme. Je marche jusqu'à mi-cuisse. Je me laisse couler dans l'eau. L'eau est encore fraîche. Elle revigore, comme si elle ouvrait les pores de la peau. Je nage paresseusement sur le dos. De petites perles d'eau se collent sur mon ventre et sur ma poitrine. Je contemple cet ample paysage où le bleu du ciel et le bleu du lac se perdent l'un dans l'autre. Dans l'immensité de leur démesure, ils tissent une toile sans couture. Des oiseaux survolent en harmonie leurs reflets indolents sur l'eau lisse. La lune du jour, au pourtour dentelé, veille en vigie solitaire. En ce pays de plaines infinies, le ciel est vaste et l'horizon s'éloigne sans arrêt. Certains jours d'été, le paysage s'incline et s'évanouit devant l'éclat du soleil de midi.

Cette eau douce qui coule le long de mon corps me fait le plus grand bien. Mon ami affichait un air piteux, peut-être défait, tout à l'heure, dans la voiture, après son impair. Il s'est encore une fois emmuré dans le silence. Par le passé, tant de choses ont été dites entre nous, mais si peu sur nous. Bernard a toujours tout esquivé. Avec ses mots tout en circonvolutions, il dessinait d'élégantes arabesques pour me rassurer. Mais en ne disant jamais rien de compromettant. Puis, lorsqu'il m'a quittée, j'ai senti qu'il me désertait. J'ai disjoncté. Je me suis fragmentée, mes morceaux éparpillés aux quatre coins de ma vie. Je l'ai traité de vieux macho, et de plusieurs autres choses aussi. Il est demeuré stoïque. Le déménagement au Manitoba m'aura finalement été bénéfique. J'en suis venue à ne retenir que les moments agréables de notre relation, à trouver presque comique sa façon abrupte d'y avoir mis fin. Tout ça s'est embrouillé pour ne laisser qu'un film diffus.

Bernard est debout sur la plage ; un large chapeau de paille jette une ombre au-delà de ses épaules. Il enlève son chapeau et place la main en visière, puis il étend les bras. Il me fait signe à deux mains, comme un sémaphore. J'ai flotté au loin. Je n'entends que des bribes de ce qu'il dit. Il agite à nouveau les bras jusqu'à ce qu'il m'aperçoive revenir en nageant. Je marche lentement vers le rivage en observant Bernard. Je sens que cette baignade agit comme un rite de passage qui me permet d'évacuer mon amertume et ma rancune envers lui.

Il se penche lorsqu'il me voit m'approcher de lui. Il s'assoit sur une couverture grise, qui est usée et trouée par endroits. Ce détail me surprend, puisque cet impénitent dandy a toujours pris un soin jaloux de sa personne et de ses biens. Il me tend une serviette de plage, mais je lui dis que ce ne sera pas nécessaire, que le soleil a déjà fait son œuvre. Il sourit en me regardant lever les bras vers le ciel. Bernard m'examine de la tête aux pieds. Je me retourne et me rends derrière un buisson. J'enlève mon maillot et remets mes vêtements.

Pendant ce temps, mon ami ouvre le panier de pique-nique. Il dépose des salades, des sandwichs et de l'eau minérale sur une nappe aux motifs de Provence.

– C'est l'heure du déjeuner. Vous êtes restée longtemps à l'eau.

Nous mangeons tranquillement.

– Vous avez pensé à tout pour notre petite escapade.

– J'ai tout prévu, sauf l'essentiel... la vie de mes souvenirs, surtout la trace de mes origines. Les souvenirs surgissent rarement. Il faut les laisser émerger, souvent de façon éparse, parfois inespérée.

Bernard cligne des yeux.

— Le soleil des Prairies est pur et aveuglant, même en début d'été.

Il fouille dans les poches de son habit safari, regarde autour de lui. Il s'agite.

— J'ai tout apporté, tout sauf mes verres fumés. Pendant que je m'efforce de retracer les jalons de mon passé, les petites choses du présent m'échappent.

Je lui dis de ne pas s'en faire, que j'en garde toujours dans la boîte à gants.

— Les grosses montures arrondies avec des faux diamants, ça va vous donner un petit look Catherine Deneuve.

Il rit, presque de bon cœur. À mon retour, il a repris sa mine pensive. On dirait un bouddha récalcitrant caché derrière les verres fumés d'une grande star de cinéma. Il tend la main devant lui, puis laisse lentement couler du sable entre ses doigts.

— Qui sait? Le miroir de ma mémoire n'a peut-être pas tout déformé de mes souvenirs d'enfance.

Je m'assois à côté de mon ami. Nous apprivoisons une nouvelle forme d'intimité. J'ouvre la bouche. Je voudrais lui dire la chance que j'ai de le connaître. Bernard me sourit. Le moment ne se prête pas aux confidences. Bernard se rapproche de moi. Nous demeurons ainsi un bon moment. Rien d'autre que les rythmes de la nature ne compte pour nous en ce moment.

— Vous aviez tout à fait raison. Cet endroit est merveilleux.

— Je dirais même que ce paysage est éblouissant, mais c'est surtout le reposoir de mes plus grands secrets. Vous savez, c'est souvent par les paysages que je comprends le sens des émotions. Lorsque je venais ici avec mes parents, je disais que ce lac était une mer. Mon père, sans même lever le nez de son livre, me contredisait : « Tu vois pas la bande foncée au fond, là-bas ? C'est la terre. » Je plissais les yeux, puis je répondais en croisant les bras sur ma poitrine : « Je vois presque. Alors là-bas, si c'est la terre, c'est que c'est un autre pays. » D'une voix lasse, mon père marmonnait : « Ben oui, comme toujours, t'as raison, comme celle-là... »

— ...il désignait sans doute votre mère.

— Oui, maman qui ne méritait pas ces commentaires désobligeants. En d'autres occasions, mon père se montrait plus loquace. Il expliquait à la ronde que les grands explorateurs étaient passés par ici dans leurs voyages de la Nouvelle-France vers les eaux de l'autre côté des Rocheuses. Il parlait comme s'il citait un livre qu'il s'était efforcé d'apprendre par cœur. Il prenait un air sérieux, sa voix se voulait celle d'un annonceur de Radio-Canada. Écoutez bien, il baissait la voix, comme ceci : « Les plaines n'étaient déjà que des terres de transition entre l'Atlantique et le Pacifique. Comme bien d'autres après lui, La Vérendrye cherchait de nouveaux défis ailleurs, plus à l'ouest, en suivant la route du soleil. En langue crie, le mot Winnipeg signifie d'ailleurs *eau boueuse*; il serait donc difficile de croire qu'il aurait été propice pour quiconque de s'établir ici. » Mon père affichait alors un petit air satisfait.

– Quel soudain changement de vocabulaire! Mais je suis certaine que son accent était moins modulé que le vôtre.

Bernard ne relève pas ma pointe d'humour.

– De son côté, maman se tenait un peu à l'écart. Elle murmurait que le grand philosophe se pétait les bretelles avec ses broutilles de connaissances. Pour la narguer, mon père lâchait des grossièretés: «La terre est si plate icitte que tu peux voir le trou du cul de la lune quand elle s'assit à l'autre bout du lac.» Lorsqu'il disait ce genre de chose, j'entendais l'intérieur de mes oreilles se crisper, puis se froisser comme des feuilles de papier qu'on écrase en boule. Je tournais mes grands yeux vers maman. Elle prenait ma main pour m'entraîner du côté de la source.

Bernard s'arrête puis, après un moment, poursuit.

– Regardez, Marjolaine. C'est vrai, n'est-ce pas, on dirait une mer intérieure, une mer d'eau douce? On ne voit pas de l'autre côté du grand lac, sauf, parfois, cette petite ligne à l'horizon et, devant, un petit point noir.

– C'est une île?

– Oui, une toute petite île qui flotte sur le fil d'eau.

Le regard de Bernard est collé sur le point au loin. Le mien aussi.

– La dernière fois que je suis venu ici, c'était pour rendre visite à maman. C'était un peu avant sa mort, il y a de cela plusieurs années. Je ne voulais pas revoir cet endroit, mais maman a insisté. Elle voulait réaliser un vœu qu'elle avait souvent formulé: pour une dernière fois, admirer le soleil couchant sur ce qu'elle appelait son océan Atlantique… comme si, de l'autre côté du grand lac, elle parviendrait à apercevoir la France de ses ancêtres, la terre inaccessible qui envoûtait ses espoirs. Je l'ai soigneusement enveloppée de cette couverture grise, puis je l'ai péniblement poussée dans son fauteuil roulant jusqu'ici, sur le sable. Je me suis placé à côté de maman. Nous n'avons rien dit pendant de longs moments. Son regard vitreux s'est porté du lac à moi. Elle a levé la tête vers mon visage. Elle cherchait au fond de mes yeux. Elle voulait comprendre quelque chose, mais dans sa confusion, elle ne parvenait pas à déchiffrer ce qu'elle voulait. Puis, ses yeux se sont soudainement illuminés. Elle a examiné mes vêtements. J'étais vêtu d'une veste et d'un pantalon noirs ; un long foulard de soie bleu pendait de chaque côté de mes épaules. Maman m'a serré la main de ses mains chétives. Comme si elle s'accrochait à une branche à l'eau, elle m'a demandé : « Est-ce que vous êtes un prêtre ? » Du bout de ses doigts tremblants, maman a pris mon foulard et y a déposé un baiser, comme elle l'aurait fait sur l'étole d'un pape. J'ai été secoué. Je l'ai contemplée tendrement. Je lui ai offert ce que j'ai pu de sourire de compassion. J'étais habité par l'extrême tristesse de voir maman mourir dans le désarroi. Désemparé, je me suis glissé derrière elle. Je voulais me mettre à l'abri de son regard, me réfugier n'importe où. J'ai serré les deux mains autour des poignées de son fauteuil. Je suis demeuré immobile. Je savais que, depuis plusieurs années, j'avais négligé maman. Seule la tenue d'un congrès d'affaires à Winnipeg m'avait, pour quelques courts instants, rapproché d'elle. Les généreuses sommes que je lui envoyais étaient de bien piètres substituts à ma présence. La boule orange du soleil commençait à sombrer à l'horizon lorsque maman a murmuré d'une voix frêle : « Mon beau grand garçon d'amour, je crois bien qu'il est temps de rentrer à la maison. Ton père nous attend. Je ne voudrais pas être en retard pour faire le souper. Tu sais, Oceluila n'est pas très patient. Et puis après ça, je vais t'aider avec tes devoirs. » Lors de sa mise en terre, maman a emporté avec elle les rêves de tout ce qu'elle avait exigé de la vie... ses espoirs à tout jamais éteints... ses aspirations bafouées.

Bernard baisse le regard vers le sable. Il semble chercher des traces de roues. Il se tourne vers les vagues du lac.

— Mais maman n'a malheureusement pas emporté mes chagrins.

Je lui demande si son père est vivant.

— Lui ? Oh, il est décédé. C'était avant le départ de maman.

Mon ami ferme les yeux, puis il reprend, comme pour lui-même :

— Ils sont enterrés dans le cimetière de la rue Archibald, à Saint-Boniface, c'est du moins ce qu'on m'a dit. Côte à côte... par convenance, j'imagine.

Je laisse passer un moment.

— Vous savez, Bernard, je n'arrive pas tout à fait à comprendre vos sentiments pour votre père.

— Oui, je sais. Mais tout ça, c'était confus pour moi, et probablement pour lui aussi. J'ai longtemps éprouvé du ressentiment envers lui. J'aurais voulu qu'on recommence sur d'autres bases, mais cette tâche s'est avérée impossible à réaliser. Alors, j'ai décidé d'évacuer ce faux jeton de père de mon existence... Pourquoi, au juste ? Parce qu'il était insignifiant ? Insignifiant de vouloir m'inculquer des connaissances que je jugeais inutiles ? Il disait que j'avais « une maudite caboche vide ». Je n'en avais pourtant rien à cirer de ses enseignements. À quoi aurait-il bien pu me servir de distinguer le feuillu du conifère, le pin de l'épinette, l'épinette blanche de l'épinette rouge ? Alors que déjà, à cet âge, j'aimais bien la nature, mais uniquement si elle ne se trouvait pas trop éloignée de l'asphalte et du béton.

— Comme votre refuge sous le petit pont des trains, au bout de la rue Deschambault, c'est bien ça ?

— Oui, à bien y penser, vous avez raison. Comment aurions-nous pu nous entendre, alors que mon père caressait l'irrésistible rêve de m'emmener en canot refaire la route des explorateurs, du cap Diamant jusqu'au Pacifique ? Parce qu'il n'était pas à la hauteur de mes attentes ? Parce qu'il était tout le contraire de maman ? Qu'il ne savait pas la rendre heureuse ? Parce que mon père ne partageait pas nos aspirations, à maman et à moi ? Parce qu'il nous empêchait de nous réaliser pleinement ?

Tout en parlant, Bernard me fait signe de l'aider à se lever.

— Je n'ai pas eu à me forcer pour ignorer mon père. J'aurais pu faire preuve de bienveillance, mais alors, ça aurait été un sentiment de mépris. Je crois que par la pitié, nous nous abaissons au niveau de l'autre, puisqu'il s'agit de s'identifier à son impuissance. Et justement je ne voulais pas me rendre aussi bas que lui.

J'ouvre la bouche pour poser une question, mais mon ami ne m'en laisse pas la chance.

— Mon père s'endormait souvent dans sa grande chaise en ronflant, la bouche ouverte, la tête penchée vers l'arrière, une bouteille de bière calée entre les cuisses et un livre à ses pieds. Je passais devant lui avec un air exagérément dédaigneux, en faisant «Heu». Après l'avoir méprisé, je l'ai détesté en lui faisant voir que je l'ignorais… Je l'ai même privé de ma présence, alors qu'il me réclamait à ses côtés, dans les mois qui ont précédé sa mort. Il ne quittait plus son La-Z-Boy. Il m'a souvent téléphoné, mais je ne décrochais pas le combiné. Je le laissais se plaindre à mon répondeur. Sa voix était traînante. Il toussait d'avoir trop fumé et trop bu. Mon père me suppliait de venir le voir: «Hé là, Bernie, rappelle-moi, j'ai des choses à te dire.» Parfois il ajoutait: «J'ai pas toute la vie devant moi, calvaire! Faut qu'on s'parle.» Je me rebiffais en entendant son ton geignard d'homme faible. J'effaçais ses messages avant de les avoir écoutés au complet.

Bernard ferme les yeux.

— Je suis maintenant convaincu qu'il voulait me faire ses adieux au moment de mourir. Il voulait peut-être même s'excuser, faire amende honorable. J'éprouve encore le regret de l'avoir privé de cette occasion de me tenir la main. C'est sans doute ce qu'il aurait souhaité que nous fassions lorsque j'étais jeune garçon: marcher main dans la main, comme je le faisais avec maman.

Mon ami réfléchit à voix haute.

— C'est triste à dire, mais j'ai prétexté un virus pour ne pas assister à ses funérailles. Ce malaise avait pour nom notre voyage à Londres… ce voyage que j'ai improvisé à la dernière heure. Plutôt que de venir ici, je me suis affairé à planifier dans leurs moindres détails les sorties que nous ferions. Pendant qu'ici, au Manitoba, on mettait mon père en terre pour son dernier repos, de mon côté, je déployais tous mes efforts pour vous attirer dans mon lit. Il m'a fallu plusieurs années pour commencer à comprendre que mon père était un être faillible, pour tenter de l'accepter tel qu'il était, pour essayer de ne plus lui en vouloir de ne pas avoir été ce que j'aurais souhaité qu'il fût, un père fort et sans faille. Vous devez comprendre, chère amie, que je tente encore de lui pardonner d'avoir trahi les attentes d'un garçon avide d'amour et de reconnaissance.

Bernard détourne le regard du mien. Du bout du doigt, il essuie discrètement une larme sur le coin de son œil. Je suis touchée par cette rare effusion.

– Mais tout ça est derrière vous, non ?

– Peut-être... Avec le recul, il m'arrive même d'en rire, mais à peine, d'un rire jaune. Tenez. Je vous ai dit que mon père lisait les biographies des grands de ce monde. Il les citait, parfois même à bon escient. Mais il aura été, jusqu'à ses dernières paroles, un être à portée minimale. Ses mots d'adieu ne sont d'ailleurs pas de ceux que l'on consigne dans une encyclopédie. Un soir, en toussant, il a crié à maman : « Hé Mary-Mary-Ann, j't'ai demandé de m'apporter une bière ! Tu vois pas que j'ai trop mal aux jambes pour me lever ? » Maman avait depuis longtemps cessé de jouer à la boniche. Elle a haussé les épaules et est allée se coucher. Elle a encore fait la moue le lendemain matin lorsqu'elle l'a trouvé mort, affalé au pied de son La-Z-Boy en simili cuir. Sans se presser, elle s'est signée en récitant une courte prière ponctuée de « Oceluila ». Elle s'est fait une tisane et a appelé le salon funéraire pour qu'on vienne la délivrer de ce fardeau devenu depuis trop longtemps encombrant. Mon père, qui par ses lectures s'identifiait aux grands personnages de l'Histoire, n'aura finalement vécu sa vie qu'en sous-main.

Je me permets, tout doucement, de le conseiller :

– Il faudra bien un jour que vous mettiez tout ça derrière vous, pour votre propre paix d'esprit.

– Je sais, il ne sert à rien de s'en prendre à un mort... même à défaut de l'avoir aimé.

Bernard balaie le lac du regard.

– Je ne crois pas avoir encore réussi.

– Nous avons tous un passé à confronter.

Il se tourne vers moi.

– Le temps fuit inéluctablement. Le temps fuit sans retour.

– C'est une lapalissade.

– Sans doute, mais c'est une vérité incontournable, fondamentale. Pensez-y, couché, le soleil ne peut renaître qu'autrement.

Bernard m'examine.

– Un jour, vous aussi ressentirez le poids des années, ma belle amie.

Je veux dire quelque chose, n'importe quoi pour détendre l'atmosphère. L'air faussement enjoué, je proteste que je ne suis plus une jeune femme, que les années me rattrapent, moi aussi. Je pointe du doigt ma tempe.

– Regardez ces pattes d'oie.

Bernard ne m'écoute pas. Il se penche lentement pour ramasser son chapeau. Ses doigts, auparavant lisses et fins, sont, aux lueurs du soleil d'après-midi, tissés de réseaux de raies fines. Un autre détail me frappe : il ne porte plus de montre au poignet, alors qu'auparavant il les collectionnait. Bernard les achetait à l'étranger comme souvenirs de voyage. Des montres payées cher, mais sans être ostentatoires; des marques exclusives, mais à l'allure discrète, que seuls les initiés peuvent reconnaître.

Bernard se masse les yeux, comme pour forer au plus profond de son être.

– Vous devez comprendre ceci, Marjolaine. Vous êtes la seule personne avec qui je pourrais partager mes secrets. Enfin les révéler à un autre être humain… peut-être ainsi me libérer de ce passé qui trouble mes jours et hante mes nuits.

Je comprends qu'à force d'être solitaire, Bernard se retrouve aujourd'hui seul. Je sais aussi que sa femme – la légitime – est décédée depuis un certain temps. Leur relation n'était pas telle qu'ils puissent se confier l'un à l'autre. Un jour, Bernard m'a dit: «Chez nous, on n'échange que des politesses, des sourires de circonstance. Des horaires, des suggestions de sorties et de voyages. Des cadeaux, aussi, souvent trop somptueux. Le luxe est pour elle un facteur de valorisation.» J'ai compris que Bernard faisait partie de ces objets de luxe que sa femme désirait et que, pour lui, ce mariage avait été la porte d'entrée dans la haute société montréalaise. Chacun y avait trouvé son compte.

14

Nous marchons depuis plusieurs minutes le long du lac, là où le sable commence à se fondre dans l'eau. Nous avons enlevé nos chaussures et relevé nos bords de pantalon. Les traces de nos pas sont effacées par de petites vagues successives qui rapportent du large des bouts de bois ruisselants et rongés par l'eau.

Mon ami regarde à droite vers les boisés, puis par-devant et en arrière.

– Il me semblait pourtant que c'était ici. C'est frustrant.

– Ne vous en faites pas, Bernard. À nous deux, on va y arriver.

Il réfléchit.

– J'étais tout jeune, maman répétait que je n'arrêtais pas de courir. «Un vrai veau au printemps», c'est ce qu'elle disait en riant devant mon trop-plein d'énergie.

Mon ami se tourne vers moi. Il est confus.

– On dirait que tout cela, c'était il y a trop longtemps, que l'espace physique a été étouffé par l'emprise du temps.

Je le prends par le bras.

– Si on allait s'asseoir ? Vous me suivez ?

Bernard se laisse entraîner. Nous nous assoyons près d'une source qui coule vers la plage. Il me taquine : il dit que, finalement, c'est moi qui ai trouvé l'endroit qu'il cherchait en vain.

– J'ai bu l'eau de cette source, jadis. Cette petite pause me sera d'un grand secours. Vous l'aurez remarqué, je n'ai plus la vigueur de mes vingt ans... Vous saviez que, de façon générale, on s'affaiblit souvent sans même s'en rendre compte ? Nous sommes cocus de notre propre vie, les derniers à savoir que nous dépérissons, alors que dans notre dos, nos proches compatissent à notre déchéance. La vie nous trompe, inéluctablement. Elle ne joue pas franc jeu avec nous.

Il s'incline au-dessus de la source et place les mains en forme de fleur de lotus. Il s'abreuve et asperge son visage. Je l'imite. Nous nous assoyons côte à côte sur le bord du ruisseau. L'eau coule allègrement à nos pieds vers le lac devant nous. La brise du large rafraîchit les rayons du soleil d'après-midi. Nous sommes entourés d'odeurs moites de mousse et de fougères. Plus bas, un couple d'amoureux rit en se baladant sur la plage déserte. À l'aide d'une branche, mon ami dessine distraitement des cercles dans l'eau devant nous.

– Nous venions marcher ici, maman et moi. Nous allions même plus loin, à côté de la réserve autochtone de Fort Alexander, là où la rivière Winnipeg se jette dans le lac du même nom. Nous apportions des paniers pour cueillir des bleuets, des framboises, et aussi des *saskatoons*.

– Votre mère faisait des confitures ?

Il retourne mon sourire, mais ce n'est pas de petits fruits qu'il veut parler.

— Maman me racontait la vie de ses parents. Au début, elle le faisait au compte-gouttes : ça la gênait de dévoiler certains aspects de son enfance. Puis le récit s'est accéléré, comme si elle voulait se libérer d'un fardeau.

Bernard hésite.

— Je crois d'ailleurs que je suis le seul à qui maman ait révélé ses secrets de famille.

Je place la main sur son bras pour l'encourager à se confier.

— Mon grand-père maternel était Français. Il a eu la mauvaise idée d'écouter le chant de sirènes des agents de colonisation chargés de peupler les vastes prairies de nouveaux arrivants…

Bernard ponctue la phrase en pointant en direction du lac.

— …surtout des Blancs d'Europe. On lui a fait des promesses d'occasions d'affaires dans un Eldorado nordique. Il a donc quitté son pays d'origine pour venir s'établir dans les terres sauvages du Manitoba, dans un coin perdu de la région entre les lacs Winnipeg et Winnipegosis. Depuis sa lointaine France craintive à la veille du premier conflit mondial, mon grand-père a été séduit par le nom d'un endroit qu'un agent du gouvernement canadien lui a fièrement désigné du doigt sur une carte : « Mon cher monsieur, selon nos traditions canayennes, le nom de Waterhen, c'est un gage sûr et certain que votre projet va réussir. Vous pouvez me croire sur parole. »

Bernard se penche vers moi, les yeux tout grands.

— Vous devez savoir que mon grand-père se prénommait Auguste. Pour lui, ce n'était pas rien : ce nom le prédestinait à de grands accomplissements. Auguste a tout de suite compris que Waterhen, c'était l'endroit idéal pour réaliser son rêve de devenir hôtelier de luxe. Il s'est dit : « Ça alors, voilà qui augure bien pour mon projet, *Le Château de la Petite poule d'eau*. On retrouve incarnée dans ce patronyme toute la poésie des vastes espaces de l'Amérique. » Il se voyait déjà côtoyer les grands de la planète dans cette Côte d'Azur du Nouveau Monde, leur offrant le cigare, le cognac, faisant le baisemain aux dames de la haute société aux robes longues et à la poitrine opulente. L'agent d'immigration, dont l'avancement dépendait de l'atteinte de quotas, se garda bien de contredire cet immigrant en puissance.

— Je pense que vous exagérez un peu, quand même.

— Oh, mais mon amie, si vous saviez combien je me retiens pour ne pas trop en rajouter ! Vous allez voir ! C'est que mon grand-père était un personnage haut en couleur. À peine débarqué à Montréal, cet homme âgé d'un peu plus de quarante ans a vite fait de se dénicher une belle jeune femme d'une certaine distinction, avec qui il n'a pas tardé à se forger une progéniture. Il se voyait à la tête d'une famille nombreuse et altière. Il a courtisé son beau-père, qui possédait un commerce florissant dans le centre-ville de Montréal. Auguste savait charmer et en imposer avec son accent pointu, ses habits coupés fins, sa moustache cirée et sa canne à embouts d'argent. Son feutre noir ne quittait jamais son crâne dégarni.

– En tout cas, on ne peut pas dire qu'il avait le profil pour jouer aux défricheurs.

– Mais voilà, justement! Quelle ne fut donc pas sa surprise lorsque le vieux train brinquebalant le conduisit dans ce bled qu'était alors Winnipeg, et ensuite sa plus grande déception lorsqu'il arriva en traînant sa petite famille à la gare de Waterhen. Tout le long du voyage, entre lacs et forêts, il n'a cessé de rassurer sa jeune épouse de ne pas s'en faire, que tout irait pour le mieux *là-bas, dans cette terre d'avenir*. La mine du Français s'est cependant rabaissée lorsque le train les a déposés à Waterhen. Il s'est retrouvé sur le quai d'une gare à la peinture défraîchie par le vent des Prairies. Où qu'il se tournât, du nord au sud, d'est en ouest, à vue d'œil, mon grand-père ne voyait personne pour prendre en main ses nombreux bagages. Il n'a aperçu que boue, *swamp*, muskeg, végétation chétive et soleil morne. Et des milliers de mouches noires, grosses comme la chevalière qu'il exhibait fièrement.

– Je le prends presque en pitié… du moins sa petite famille…

– C'est que vous le ne connaissez pas! Mon grand-père était intrépide… et aussi têtu et chauve qu'un rocher de sa chère Bretagne. Il n'aimait pas reconnaître qu'il s'était fait berner. Il a donc fait aménager une petite cabane louée au chef de gare. Ce dernier parlait un patois que mon grand-père reconnaîtrait plus tard comme étant du *michif* – un mélange hétéroclite de français et de langues autochtones. Tout en continuant d'engrosser régulièrement sa femme, Auguste s'est affairé à se faire construire un hôtel digne de ses ambitions, inspiré des châteaux de la Loire…

— ...du genre Chenonceau-en-Manitoba ?

— Que voulez-vous ? Il s'imaginait que la demande suivrait l'offre. Mon grand-père y a bientôt englouti toutes ses économies. Il s'est fait, au fil des mois, une clientèle fidèle. On accourait de toute la région et d'au-delà pour se rassasier chez lui. Mais si la clientèle était nombreuse, ce n'était pas celle qu'aurait voulu attirer le nouvel hôtelier. Debout sur les marches d'escalier menant à l'étage, il s'est mis à se plaindre en les observant : il marmonnait que « ces gens sans raffinement » levaient le nez sur les foies gras et les flûtes de champagne. En effet, tous ces bûcherons, pêcheurs, pionniers, ces Indiens et Métis, et même ces agents de la police royale du Nord-Ouest, qui n'étaient pas les plus civilisés, réclamaient à grands cris, dans une langue revêche et pâteuse, de la bière et des eaux de vie qui vous arrachaient les intestins et vous brûlaient le gosier. Quand mon grand-père brandissait son ballon de cognac Fine Champagne Napoléon vers ces rustres, ceux-ci juraient, rotaient, pétaient et pissaient sur les tapis de Turquie. Ils fracassaient le cristal Baccarat et la porcelaine de Limoges, ils déchiraient les nappes importées d'Italie. Ils brisaient le fin mobilier, levaient leurs verres en s'esclaffant puis, lorsqu'ils en avaient assez de l'entendre gémir, ils enfermaient Auguste dans la *shed* à bois, derrière l'hôtel. Maman avait la larme à l'œil lorsqu'elle arrivait à cette partie de l'histoire. L'aventure avait été un véritable désastre.

— Comme un château en Espagne dans une terre sauvage d'Amérique.

— Pire encore. L'hôtel, qui était largement déficitaire, a mystérieusement brûlé. Puis, mon grand-père a fait interner sa femme après l'avoir fait déclarer aliénée mentale…

Nos regards se croisent.

— Comme vous le savez certainement, cette façon de mettre fin à un mariage embêtant n'était pas chose rare à l'époque…

— Je sais, oui, hélas… mais c'est tellement déplorable!

— Et ce n'est pas tout. Les enfants, dont maman, ont été éparpillés dans des foyers d'accueil dispersés un peu partout à travers la province et en Saskatchewan. Libéré de ses obligations, le Français a disparu. Il s'est pour ainsi dire évaporé dans la nature. Auguste est sans doute allé pourchasser d'autres mirages princiers dans des contrées plus propices à ses ambitions… quelque part au sud des Rocheuses, peut-être, dans la mythique Californie.

Je suis indignée. Mon ami prend un air sévère.

— Je crois bien que je lui aurais botté le cul, au vieux prétentieux de Français, si je l'avais rencontré! Juste pour ça, je voudrais qu'il y ait une vie après celle-ci. J'irais même brûler en enfer pour le rattraper!

J'enlève mon foulard, puis je l'enroule autour du cou de mon ami. Nous demeurons assis côte à côte dans un long silence qui nous unit. À nos pieds, l'eau de la source coule vers le grand lac Winnipeg.

15

Je contemple l'eau qui forme des lacets de petits bouillons autour des pierres, dans le fond de la source, pendant que Bernard parle.

— C'est également ici que j'ai connu mes premiers moments d'amour... disons, presque physique.

Les yeux de Bernard se font petits ; ils brillent de malice.

— Il faut absolument que je vous raconte mes premières tentatives de séduction.

— Vous avez toute mon attention.

— Mais j'étais bien malhabile... à cette époque.

Il m'examine, de ce faux air embarrassé qu'il cultive.

— Je crois cependant avoir appris de mes erreurs, n'est-ce pas ?

Bernard ne poursuit pas dans cette veine. Je me contente de lui retourner un sourire pincé. Mon ami regarde le fond de la source. L'eau est claire et limpide. Il semble y retrouver le fil de sa pensée.

— À peine adolescent, je trouvais prétexte à venir me réfugier ici, loin des curieux. Je m'assoyais sous un arbre. Je fixais l'horizon. Je laissais mes pensées voguer au rythme du vent du large. J'apportais des livres, surtout des romans. Est-ce que je vous l'ai déjà dit? Depuis mon plus jeune âge, j'ai aimé lire et écrire.

– Je crois bien que oui, Bernard.

Je me retiens de lui répondre que c'est une des premières choses qu'il m'a dites lorsque nous nous sommes rencontrés, et que, par la suite, c'est lui qui m'a véritablement initiée à la littérature. Il était *mon amoureux mentor littéraire*.

– Un jour, alors que j'étais absorbé par ma lecture, quelqu'un m'a interpellé: «*Hey, what are you reading?*» Une voix féminine. En levant les yeux, j'ai aperçu devant moi une fille, âgée d'environ quinze ou seize ans. Elle portait un jeans décati, serré autour des hanches. Un T-shirt descendait paresseusement de ses épaules. Ses longs cheveux étaient d'un noir foncé. Elle a dit qu'elle s'appelait Kelly et qu'elle vivait sur la réserve de Fort Alexander. Elle m'a montré du doigt: «*Out there, not too far.*»

– Là où vous alliez marcher avec votre maman?

– Justement. Alors comme je demeurais muet, Kelly n'a pas attendu que je réponde. Elle s'est assise à mes côtés. J'aimais son odeur. Je ne disais toujours rien. Elle a ri. Mon regard est demeuré figé sur ses dents blanches. «*Are you deaf?*» Son air était moqueur, mais d'une façon gentille: «*Or just dumb?*» Même si je n'étais ni sourd ni muet, je me suis senti enfermé dans un mutisme d'amour profond… ou du moins ce que l'on croit à cet âge être le coup de foudre.

– Mais comment savoir la différence… peu importe l'âge?

– Vous avez bien raison, nos états d'âme sont souvent trompeurs. Alors voilà, Kelly a dit : « *What is this ?* » J'ai maladroitement répondu qu'il s'agissait d'un livre : « *Oh, it's just a, you know, a book.* » Elle a ri à nouveau. J'ai voulu me reprendre en expliquant qu'il s'agissait d'un roman écrit par un auteur du nom de Fiodor Mikhaïlovitch Dostoïevski.

Je souris.

– J'aurais tellement aimé vous entendre prononcer ce nom.

– Oh, mais je me suis efforcé de bien détacher chaque syllabe dans un accent russe très, très approximatif. J'ai ajouté : « *A Russian writer.* » Je trouvais important d'apporter cette précision, je ne sais trop pourquoi. Kelly a eu un mouvement de recul : « *So you're what… a bloody Russian ?* » Son air est devenu suspect.

– À cause de la propagande anticommuniste ?

– C'est que nous nagions en pleine guerre froide. La jeune fille devait avoir entendu que les communistes du bloc soviétique voulaient nous envahir et mettre en péril nos foyers, femmes et enfants. Kelly a pris mon livre. Elle l'a regardé : « *Are you French ? I studied some French in school with the nuns. They came to teach us on the reserve.* » J'ai murmuré « *Yes* », très timidement. Et là, elle a dit : « *They say Frenchmen are the best lovers. Is that true ?* » Je comprenais la portée de sa question, mais je ne maîtrisais pas l'anglais et… et mon expérience en matière amoureuse était, disons, moins qu'élémentaire. Je n'ai pu balbutier que quelques mots : « *I… I… gue-ss… so…* » Je me souviens que nous sommes demeurés assis silencieusement pendant un long moment. Le corps de Kelly dégageait une chaleur enivrante. Je réfléchissais à la situation dans laquelle je me trouvais. N'était-ce pas le bon temps, le bon endroit pour *commencer*? Pour apprendre à devenir un vrai homme. Mais je ne savais pas trop ce que cela voulait dire. Au salon de barbier de Big Pat, j'avais entendu des hommes dire que les Indiennes étaient *faciles*. Il n'était pas nécessaire d'expliquer; tous – sauf moi – savaient ce que cela voulait dire. Mais je ne voulais pas me compromettre; quand les autres avaient ri, j'avais hoché la tête comme celui qui savait.

– Sauf que, cette fois, ce n'était plus la même chose.

– Ici, près de la source, l'anxiété m'envahissait: je soupçonnais ce que cette fille désirait. Ce qu'elle voulait, c'était *ça*, ça me semblait pas mal évident, mais je n'avais aucune idée comment m'y prendre pour lui donner *ça*. J'avais certes entendu des conversations au collège dans lesquelles les plus âgés – que l'on savait *de facto* plus expérimentés – expliquaient comment s'y prendre pour séduire les filles, pour les convaincre «d'aller jusqu'au bout». Mais ici, je devais passer de la théorie à la pratique. Je me creusais les méninges, sauf que je ne savais rien, mais absolument rien des tenants et aboutissants de ce «jusqu'au bout».

– Il y avait loin de la coupe aux lèvres.

– Et comment! Kelly a sans doute constaté mon désarroi. Elle a passé la main sur ma poitrine. J'ai sursauté. Elle a voulu me rassurer en murmurant à mon oreille: «*Let's do it, lover boy.*» Je me suis senti mis au défi. Mon cerveau roulait à vitesse accélérée, mon cœur pompait comme une turbine. Je me suis souvenu des photos que Desautels nous avait montrées derrière le mur du collège. Desautels était parmi les grands, en Philo II ; ce qu'il disait était donc parole d'Évangile. Il avait fouillé dans une pile de revues *Playboy* : « Les seins, les seins, les gars, c'est ça qui compte, les seins. » En disant cela, Desautels tournait les pages pour nous montrer une pin-up de Marilyn Monroe, puis une autre de Jayne Mansfield.

– Oh là là ! Vous avait-il enseigné la formule secrète pour séduire les femmes ?

– C'est du moins ce à quoi je m'étais attendu. Mais il m'a quand même fallu improviser, ce jour-là, sur le thème de l'importance primordiale des seins. Je me suis donc tourné vers Kelly, qui attendait que je joue pleinement mon rôle de mâle en faisant les premiers pas. J'ai placé une main derrière son cou, j'ai fermé les yeux pour mieux me concentrer sur les paroles de Desautels. Dans un geste sans doute trop brusque, j'ai attiré la jeune femme vers moi. Puis, j'ai collé mes lèvres zippées sur les siennes. Ma main a pressé son sein, mais c'était trop vite et trop fort.

Je chasse de mon esprit l'image de son geste dans la voiture.

– Évidemment, Kelly a sursauté. Elle m'a repoussé et s'est rapidement levée en criant : « *You're gonna tear my tit off, you jerk!* » Je me suis senti défait et impuissant. Je suis demeuré assis alors que, debout, elle me dominait.

– Vous deviez vous sentir humilié.

– Et comment ! Ce n'est pas peu dire. Les deux mains sur les hanches, Kelly a parlé froidement, en détachant bien chacune des syllabes : « *That is NOT how it's done, Gil-li-gan!* »

Je m'esclaffe devant l'analogie.

– Ah oui, l'île de Gilligan, *Les joyeux naufragés*… Je m'en souviens vaguement, mais ce n'était pas vraiment le genre d'émission qu'on écoutait chez nous. Ma mère avait d'autres critères de qualité.

– Maman était du même avis, mais les autres garçons parlaient de ce gaffeur de Gilligan dans la cour d'école, et c'était toujours en riant. Je me souviens que, visiblement courroucée, Kelly m'a lancé : « *You're not a real Frenchman. Frenchmen are born lovers, not idiots like you, Gilligan. Everybody knows that.* »

La fille s'est secoué la tête et s'est penchée sur moi : « *Here, I'll show you how to kiss a woman.* » Elle a placé ses lèvres entrouvertes sur les miennes et a fermement enfoui la langue dans ma bouche. Elle est partie en sautillant : « *Lalalalala, you've been kissed for the first time, lalalalala!* »

Bernard me regarde pour s'expliquer.

– J'étais malhabile. On ne naît pas séducteur, on le devient. Tout s'apprend à l'école de la vie.

Il plonge la main dans le ruisseau et en retire un caillou rougeâtre. Il frotte le caillou lentement dans ses mains pour l'essuyer.

– Dans mon cas, il faut comprendre qu'on m'avait enseigné que l'amour n'est pas tendresse. C'était quelques années avant ce petit incident, somme toute inoffensif, avec Kelly.

Je demeure silencieuse en espérant qu'il reprenne sa narration, mais il ne dit rien. Le temps est venu de quitter la source. J'invite mon ami à reprendre notre marche.

16

Nous marchons depuis un moment. Bernard regarde vers le large, dans la direction du petit point noir de l'île, puis du côté du boisé. Il cherche ses repères. Soudainement, il me serre le bras, un peu trop fort.

– Allons voir par là.

Bernard m'entraîne à sa suite vers un petit sentier dans un coin sombre de la forêt. Nous nous faufilons sous le feuillage des arbres qui forme des voûtes au-dessus de nos têtes. Tout autour de nous, des fougères tressent des chignons de pistes sauvages. Nous manquons de trébucher sur de grosses racines à la peau rugueuse qui rampent comme des serpents entre les roches et la végétation. Bernard avance prudemment dans les méandres. Je l'observe pendant qu'il retourne à la lisière du bois. Tout en murmurant, il revient en comptant ses pas. Il tourne à gauche, puis à droite. Il reprend ses calculs. Sa démarche devient plus rapide, plus fébrile. Après plusieurs détours et retours, Bernard s'arrête. Son regard s'éclaircit.

– C'est ici, j'en ai la certitude.

Mon ami établit un périmètre. Il fronce les sourcils d'un air déterminé.

– Venez m'aider à débroussailler.

Pendant de longues minutes, nous nous affairons dans l'ombre de grands arbres à soulever des branches, à arracher de nouvelles pousses, à refouler la mousse sur les surfaces de pierre et de béton. La tâche est ardue. Bernard travaille comme un forcené, avec une vigueur insoupçonnée. Après un certain temps, il se redresse, essoufflé, mais visiblement satisfait du résultat. Il essuie son front avec un mouchoir, qu'il replie avec soin avant de le ranger dans la poche de son veston.

– Aucun doute, nous y voici.

Nous avons découvert les fondations de ce qui autrefois soutenait un bâtiment. Nous en faisons le tour. Bernard s'arrête à divers endroits.

– Là, il y avait le vestibule ; ici, un grand salon, la cuisine avec un poêle à bois et six chambres à coucher. Depuis la véranda grillagée, nous avions une vue imprenable sur le lac. Les jours de grande tempête, nous regardions les vagues déferler sur la plage. Maman prenait une tisane en se berçant. Mais depuis toutes ces années, la nature a repris le dessus. Regardez, entre les branches, on peut à peine deviner le sentier qui mène au lac.

Bernard marche lentement dans la végétation sauvage. Il caresse les fougères tout en balayant les arbres du regard. Il parle vaguement, sans doute à lui-même, peut-être à la nature sauvage qui nous entoure.

– Plus j'avance en âge, plus je ressens le besoin de me retourner vers la route parcourue. Je dois retrouver mes repères, comme le marcheur en forêt, m'assurer que je ne me suis pas trompé de chemin. C'est si facile de s'égarer, sans même s'en rendre compte. Et puis, on s'aperçoit qu'il est trop tard pour faire marche arrière.

Mon ami se retourne vers moi.

– Laissons reposer ce témoin de mon passé.

Le ciel du large se couvre peu à peu de nuages gris alors que nous retournons vers la plage, l'un à côté de l'autre. Bernard me dit que nous avons l'air d'un vieux couple en paix avec la vie. Sa voix est douce et feutrée. Je ne le contredis pas. Je me sens bien dans ce nouveau rôle.

17

Nous nous assoyons côte à côte sur le sable, là où nous nous trouvions plus tôt en journée lorsque, peu après notre arrivée à la plage Albert, je suis allée me baigner dans le lac. Le temps s'est rafraîchi sous le ciel gris. Le vent nous encercle d'odeurs du large et entraîne avec lui des gouttelettes fraîches. Nous nous enrobons de la vieille couverture grise et grignotons quelques restants de notre collation de ce midi. Nous demeurons seuls dans notre coin de plage, silencieux pendant que le vent prend peu à peu vigueur.

– Regardez le petit point noir, tout au fond, là-bas. Nous appelions cette île «l'île aux Morts». Je n'ai jamais su si c'était son vrai nom, mais ça m'importait peu. Selon la légende, il s'agissait d'un lieu de sépulture pour les Indiens. Certains soirs, lorsque la lune étendait ses rayons sur le lac, on entendait les échos de la complainte des morts. C'est pourquoi nous la nommions aussi «l'île aux Fantômes». Nous venions ici tous les étés passer quelques semaines. Le frère de mon père, celui qui était prêtre, était chargé de veiller à la gestion du chalet de la congrégation. De fil en aiguille, maman s'est occupée de la cuisine et du ménage. Mon père est devenu l'homme à tout faire. Il se vantait d'être le meilleur *handyman* de toute la plage Albert. Il faisait des petits travaux d'entretien pendant la saison estivale. Des prêtres et des religieuses s'y rendaient à tour de rôle, mais également des scouts et des guides ; ces derniers érigeaient des tentes dans un espace dégagé à l'arrière de l'édifice. En échange de leurs services, mes parents pouvaient y venir gratuitement.

Bernard interrompt son monologue. Le vent venu du large brosse notre peau. Les vagues se font plus robustes. Les mouettes glissent au-dessus des crêtes blanches de l'eau.

— Une des tâches de mon père consistait à préparer le chalet pour l'hiver. Il venait pendant la fin de semaine de l'Action de grâce fermer l'eau et couper l'électricité ; il barricadait les portes et les fenêtres et veillait à tous les autres préparatifs d'usage. Une année – c'était lors de ma dernière année au Jardin de l'enfance –, mon oncle a dit qu'il devait se rendre au chalet pour récupérer certains documents. Tant qu'à être sur les lieux, il en profiterait pour voir aux préparatifs d'hiver. Mon père, qui ne demandait pas mieux que de céder sa place à un autre lorsqu'il s'agissait de travailler, m'a donné l'ordre d'aider son frère. Cette idée ne me plaisait pas. Debout dans le salon, je me suis planté bien droit, raide comme un billot. D'une voix qui se voulait ferme, j'ai dit que j'avais des choses plus pressantes à faire. Mon père et son frère ont bien rigolé.

— Vous trouviez qu'on vous en demandait beaucoup ?

— Je vous l'ai déjà mentionné, je n'aimais pas cet oncle. Il me donnait la chair de poule avec ses yeux globuleux, ses longs ongles, ses doigts aux poils roux et ses manières de fille. Un jour, je me suis confié à maman. Je lui ai rappelé ce qu'elle m'avait dit de certains hommes, ceux qui flânaient dans les parcs de Winnipeg. Il fallait me méfier de ces hommes qu'elle appelait des «célibataires endurcis». Maman m'a dit que ce n'était pas la même chose. Elle a encerclé mes joues de ses mains : «Mais voyons donc, ton oncle est marié. Il a fait le plus beau des mariages, avec la Sainte Vierge.» Je n'y comprenais rien, surtout que la Vierge avait épousé Joseph. Ils avaient même eu un enfant, le petit Jésus. Sœur Marie-des-Oliviers nous l'avait appris à l'école. Mais mon père a tranché : «Tu vas aller avec ton oncle, *that's it and that's all!*» Puis il a lancé un trousseau de clés en disant : «Tiens, l'frère, prends mon char.» Je n'avais d'autre choix que d'obéir ; l'ordonnance de mon père était sans appel.

Bernard se frotte les mains l'une dans l'autre.

— J'étais donc un compagnon bien récalcitrant lorsque je suis monté dans la vieille Packard du paternel. Mon oncle avait troqué sa tenue de prêtre, la soutane noire et le col romain, pour un habit de civil. «Mon costume d'humain», qu'il a dit en rigolant. Tout le long du trajet, il s'est montré avenant. Il forçait le sourire, m'offrait des friandises et me laissait le choix du poste de radio à écouter. Je regardais droit devant, en demeurant muet comme une momie. Mon oncle riait : «Tu peux pas bouder comme ça tout le temps. La vie va te paraître pas mal longue, tu sais.» Nous nous sommes arrêtés au magasin général de la plage Albert, où nous avons fait le plein de victuailles. Mon oncle était de bonne humeur : « Je t'ai acheté des chips, du pop-corn, des bonbons et des liqueurs. C'est un spécial pour notre fin de semaine. On va être seuls, nous deux, mon petit Bernard. Mais pour les chips et tout ça, dis-le pas à ta mère, tu sais comment elle est, hein, elle ! » Il m'a fait un clin d'œil complice. Je l'ai trouvé dégoûtant. Je me suis détourné de lui.

Nous avons passé une soirée tranquille au chalet, chacun de son côté du salon. À la tombée de la nuit, mon oncle m'a indiqué ma chambre. Je me suis lavé, j'ai mis mon pyjama et je suis allé me coucher. J'étais soulagé de pouvoir me réfugier sous ma couverture. J'allais m'endormir lorsque j'ai entendu un bruit dans le couloir. Des pas de plus en plus près de ma chambre. Des pas feutrés.

Je me penche vers Bernard. J'avais deviné qu'une histoire sordide entourait l'oncle honni. J'appréhende la suite.

– Des pas de loup, la nuit, dans la forêt. Comme si on marchait sur le bout des orteils. Mon oncle a parlé d'une voix qui se voulait rassurante. Il voulait savoir si j'étais confortablement installé. Il a dit qu'il fallait bien se couvrir pour la nuit, que l'automne était frisquet. Il a dit « frisquette ». Déçu, presque triste que le temps ne fût pas plus chaud, il avait cherché la literie « tout partout ». Je n'aimais pas ce ton pleurnichard chez un adulte, surtout un prêtre, un de ceux que maman appelait « les hommes de Dieu ». Il s'est approché de moi en chuchotant : « On a juste une seule couverte dans tout le chalet. J'ai vérifié. Quelqu'un a dû rapporter les autres à Saint-Boniface. C'est bien dommage. » Il a ajouté que le poêle à bois était défectueux, qu'on ne pouvait donc pas chauffer le chalet sans risquer de s'étouffer dans la fumée pendant notre sommeil. Il a dit quelque chose comme : « On n'est pas bien chanceux. Mais que veux-tu, on n'a pas vraiment le choix. » Puis il a ajouté : « À la grâce de Dieu. » En prononçant ces paroles, mon oncle a lentement soulevé la couverture de mon lit. Puis le drap. Il a dit : « Tu entends ? » Le vent d'automne soufflait fort à partir du lac. On allait bientôt geler. Il fallait nous couvrir… Comme je me glissais vers l'autre côté du lit, il a dit de ne pas m'en faire, que le lit était grand, qu'il y avait beaucoup de place pour deux personnes. « Même pour deux adultes, alors imagine pour nous autres, tu sais, avec ton petit corps. », a-t-il expliqué. Après un moment, il a ajouté que dans les grandes expéditions polaires, les hommes se serraient ensemble pour se tenir au chaud. Il a mentionné un certain Amundsen, qui s'était rendu au pôle Sud. J'ai pensé à ses yeux globuleux. Au poil roux sur ses doigts. À ses longs ongles. Il a chuchoté : « Sois un gentil garçon. » À ces mots, j'ai senti le matelas se creuser. Cet homme rampait vers moi, comme une couleuvre. Il a glissé mon bas de pyjama vers mes genoux. Il a murmuré : « On pourra se réchauffer en se collant. C'est mieux, peau contre peau ». J'étais couché sur le côté, face au mur. Je fixais devant moi un gros nœud dans la planche du mur. Le cœur du nœud se défaisait et laissait filtrer des rayons de lune. « Faut pas avoir peur, laisse-toi aller », qu'il me disait. Il a plaqué sa poitrine velue contre mon petit dos en disant : « Sois sage… comme une belle image sainte. » Et il a placé le bout des doigts sur mes épaules. J'ai senti ses ongles s'agripper à moi. Mes doigts à moi étaient crispés, accrochés au côté du matelas. Mes ongles ciselaient presque les coutures. J'aurais voulu déchirer le vieux matelas. Je voulais entrer dedans pour me cacher. Et là, ce prêtre a effectué un soudain mouvement du bassin. J'ai senti son sexe. Son gros machin était gonflé... immense. J'ai tremblé. Je l'ai supplié : « Faites-moi pas mal... s'il vous plaît. » Sa voix était solennelle lorsqu'il m'a répondu que j'aimerais ça : « Ça va être bon. Tu vas voir, mon beau chérubin » – je me souviens qu'il m'ait appelé comme ça. J'ai reconnu la voix qu'on entendait de l'autre côté du grillage, au confessionnal. Il murmurait à mi-voix, sur le ton de la confidence, des mots que maman m'interdisait de prononcer, « des mots qui n'entrent pas dans notre maison », comme elle disait. Des mots pour lesquels on pouvait se faire savonner la bouche. Il a placé sa verge entre mes cuisses et a fait un mouvement de va-et-vient. Son sexe raide et frémissant chauffait comme une forge contre mes fesses. Je suis demeuré immobile. Mon père m'avait enseigné ça lorsqu'il me forçait à l'accompagner en camping sauvage : « Y faut pas que tu bouges quand l'ours s'approche. Y faut faire comme si t'étais mort. » Ce soir-là, dans le chalet de la plage Albert, j'étais un cadavre écrasé devant un monstre.

Je ferme les yeux en entendant les détails de cette agression. Bernard prend une grande respiration, comme lorsqu'on remonte d'une plongée profonde dans l'eau.

– Mes petites fesses tressaillaient malgré tous les efforts que je mettais pour les immobiliser. Mon oncle continuait de s'enfoncer entre mes fesses. Son pénis avançait et reculait dans un mouvement brusque. Sans égard pour moi. Puis, j'ai senti un liquide visqueux et chaud couler le long de mes cuisses. L'homme avait le souffle court, saccadé, lorsqu'il a dit: «Tu vois, c'était bon.» Il a ajouté, comme s'il flattait un chien fidèle sur la tête: «T'as été un gentil petit garçon.» Je ne savais pas si je devais répondre: «Merci, mon père.» Son pénis, à présent flasque, est demeuré collé contre moi dans sa vase gluante. Mon oncle s'est retourné de l'autre côté du lit. Je m'en voulais presque de ne pas avoir participé à ce jeu avec lui, d'avoir été égoïste en le privant de quelque chose. Les religieuses à l'école ne nous avaient-elles pas dit qu'il fallait penser à son prochain? En tout cas, mon oncle s'est levé brusquement. Il grognait de satisfaction. La porte s'est ouverte. J'ai entendu quelques pas, puis le bruit d'un jet d'urine sur le balcon en arrière du chalet. Mon oncle a soupiré. Je suis demeuré étendu. Puis, comme dans un rêve, j'ai placé la couverture sur mes épaules. Je suis sorti par la porte avant. J'ai marché vers le lac. Lentement. Je ne pensais à rien. Seuls mes pas aveugles me guidaient. Je regardais droit devant, comme un somnambule. J'ai marché jusqu'ici, où nous sommes ce soir. Rien n'aurait pu me distraire de mon trajet. Mon cœur avait croisé les doigts, souhaitant qu'on me laisse en paix, même si, instinctivement, je savais que cet homme ne me suivrait pas le long du petit sentier de sable qui mène à la plage. Vidé de son sperme et de son urine, purgé de ses fantasmes, l'homme, qui par son geste brutal allait ombrager les jours de mon existence, ronflait sans doute déjà, la porte du chalet à peine refermée derrière moi.

Les paroles de mon ami, sa manière de décrire cet incident me font frissonner. Je voudrais intervenir, le rassurer, mais j'en suis incapable. De toute façon, je sens que Bernard doit se livrer sans retenue. Il ne sera libéré de son fardeau qu'après m'avoir fait part de son malheur.

Mon ami scrute le large, le regard tendu vers l'inconnu. Il bouge les épaules au rythme du clapotis de l'eau sur le rivage, du bruissement des feuilles au-dessus de nos têtes.

— J'aurais pu courir éperdument sur la plage, vous savez, comme on fait dans ces films où on exagère tout. J'aurais pu partir à la nage comme un déchaîné, lutter contre les vagues dans d'incessantes brassées. Ne jamais m'arrêter. Jusqu'à l'épuisement. Me purifier de l'impureté de cet homme d'église dans l'eau sacrée du lac. J'aurais pu crier haut et fort mon angoisse jusqu'à ce que ma petite voix frêle atteigne les étoiles. Vociférer. Frapper le sol des deux mains, donner de violents coups de pieds aux arbres. Fiévreusement, arracher les branches. Ensuite, les lancer au loin pour que le lac les engloutisse dans ses profondeurs les plus noires. Ou encore, j'aurais pu me plonger la tête dans le sable. Est-ce que ce n'est pas ce qu'on fait pour se purifier ? Ce n'est pas ce à quoi les autres s'attendent dans de telles circonstances ? Qu'on fasse quelque chose de dramatique ? Un coup d'éclat ?

Bernard hausse, puis rabaisse les épaules. Il poursuit, en soupirant :

— Mais ce sont plutôt mes illusions que j'ai enfouies sous la surface.

Je veux le rassurer en adoptant une voix douce.

— Mon cher Bernard, vous deviez beaucoup souffrir.

Il appuie son menton sur son poing en secouant la tête.

— Au lieu de hurler ma rage, je me suis assis ici. Je n'ai pas pleuré. Je n'ai pas eu à refouler mes larmes puisqu'elles ne venaient pas. J'étais ailleurs, dans un espace lointain, au-delà des pleurs. Mes larmes s'étaient asséchées quelque part à l'intérieur de moi, avant même d'éclore.

J'observe Bernard. Il a fermé les yeux et croisé les mains, comme s'il priait.

— La soirée calme d'automne ne faisait que nourrir ma détresse alors que je m'enfermais dans un cocon de confort atone. Je me suis emmitouflé dans la couverture que j'avais apportée en quittant le chalet. C'était une couverture achetée au Army Surplus de l'avenue du Portage, à Winnipeg. Pendant de longs moments, je suis demeuré immobile à fixer du regard la petite île aux Fantômes. Jamais le destin n'avait si bien nommé un endroit. J'ai été subjugué par l'incantation funèbre des Indiens décédés depuis plusieurs centaines d'années ; leurs voix venues des ténèbres se glissaient jusqu'à moi sur la surface de l'eau. Je crois que cette nuit de méditation a marqué le début d'une longue quête de l'ailleurs, d'une recherche constante du point éphémère, de la tache à peine perceptible tout au fond du paysage. La naissance de mon désir – parfois refoulé – d'exil sur une île imaginaire. Un refuge lointain et isolé… qui n'a jamais été à ma portée.

Il ouvre les yeux et se tourne vers moi.

— Vous vous souvenez de ce spectacle que nous avons vu, *L'homme de la Mancha*, de Jacques Brel ? Vous pensiez que j'étais un Don Quichotte à la recherche de quelque idéal abstrait, un poète rêveur, alors que pour moi, l'inaccessible étoile était cette île perdue, dérivant au large de tous les rivages de ma jeunesse. L'impossible rêve du bonheur, de la pureté des êtres. Cette implacable obsession d'amour dont je suis encore le prisonnier. Je me suis enfermé dans un long poème de silence. Je me suis isolé dans un coin jusque-là inconnu. Ayant retiré ma confiance au monde, je ne lui ai, de toute ma vie, accordé de grâce que lorsque j'ai jugé que cela me conviendrait... Je me suis enfin assoupi sous ma couverture. J'étais écrasé en un petit tas sur cette plage. Je ne me suis réveillé qu'aux aurores. Avant aujourd'hui, je n'ai voulu retenir de cet incident que la sensation harmonieuse de la nature : le ballottement du vent sur les feuilles que ma mémoire ne parvient pas à effacer, les taches de lune qui s'inclinent devant les nappes d'ombre, le roulis du lac qui vient s'éteindre sur la plage.

Bernard me désigne l'eau.

– Regardez les vagues, elles viennent mourir sur le sable, puis elles renaissent, chaque fois différentes. Chaque souffle est un renouveau.

Les vagues ont pris de l'ampleur, leur claquement est devenu plus sec lorsqu'elles s'abattent sur la plage.

– Le matin venu, j'ai ouvert les yeux. Un chien courait sur le sable. Des mouettes volaient pêle-mêle au-dessus de l'eau. Un vent frais aux effluves d'algues et de poissons morts planait au-dessus du sable. La lumière du jour naissant était ample ; elle couvrait la largeur du lac, avançait peu à peu vers moi. Elle laissait poindre à l'horizon infini un mince trait bleu. Bientôt, j'en serais drapé ; plus tard, cette lumière m'éblouirait. J'ai laissé couler entre mes doigts des milliers de grains de sable fin. Je crois les avoir comptés un à un. Je voulais me familiariser avec chacun d'eux, m'en faire des complices, ne plus être seul sur le bord de ce lac qui était pour moi la plus vaste étendue d'eau solitaire que l'on puisse imaginer.

— Vous deviez être un pauvre petit garçon très angoissé.

— Je dirais plutôt que, le matin venu, j'ai senti naître en moi une lueur d'espoir, un sentiment que je ne comprenais pas ; c'était un espoir que je ne pourrais pas partager. Mon parcours s'est imposé à moi sans que j'aie à décider quoi que ce soit. Je n'afficherais ni peine ni joie, je n'étalerais ni mes forces ni mes faiblesses. Je puiserais ma résilience dans une façade d'indifférence. Je serais aux aguets, mon âme serait vigilante. Je ne laisserais plus voir de larmes. Si je devais pleurer, ce serait pour moi, uniquement lorsque je serais seul et dans des moments de grand émerveillement. Ce matin-là, sur cette plage, j'ai fait le deuil de mes larmes de peine.

Pendant que Bernard parle, je ne peux m'empêcher de penser à notre relation amoureuse. Je revois mes élans sans retenue, la réticence de ses gestes, son besoin de tout planifier. La voix de Bernard me revient. Elle me rappelle au livre que je dois écrire. Déjà, je sais que la tâche sera éprouvante.

— Je me suis levé. J'ai secoué mes jambes engourdies. J'ai tiré sur la couverture, collée à mes omoplates là où cet oncle avait enfoncé ses longs ongles dans ma peau, là où le sang avait coulé pendant ses ébats, là où il avait laissé les traces de sa perverse jouissance. J'ai arrêté de tirer sur le linge souillé. Je ne voulais pas arracher des lambeaux de peau avec le sang coagulé. Peut-être pour ne pas tout de suite provoquer la rupture avec cet acte dément. Je ne sais pas. Ainsi vêtu de la couverture grise, j'ai entrepris le long trajet du retour vers le chalet, qui pourtant ne se trouvait qu'à une vingtaine de mètres de la plage. Lorsque je suis arrivé devant les marches du chalet, mon oncle était sur la véranda, confortablement calé dans une grande chaise Adirondack. Il tenait une tasse de café à la main. Il m'a dit : « T'as bien fait de te couvrir, il a fait froid la nuit dernière. » Il a ajouté, avec une pointe de reproche dans la voix : « Heureusement que j'ai fini par trouver les autres couvertes, sinon j'aurais gelé. » J'ai regardé ailleurs pour l'ignorer. Il m'a demandé si j'avais bien dormi, puis il a glissé : « Tu vois, c'était agréable. » Comme si son agression avait été une simple balade à vélo. Il avait préparé du bacon et des œufs : « De force et de misère, j'ai réussi à réparer le vieux poêle à bois. » Il souriait. Sa voix était faussement enjouée : « La journée va être merveilleuse. Il faut profiter de chaque moment que le bon Dieu nous donne. On va avoir beaucoup de travail à faire pendant les deux jours qu'on va passer, juste toi et moi. » Je me tenais en bas des marches. J'ai serré la couverture tout contre moi, comme ceci. J'ai levé la tête vers mon agresseur pour le dévisager. Je m'efforçais de ne pas trembler, puis j'ai dit : « Je retourne à la maison ». Mon air était décidé. Ma voix se voulait ferme. Elle ne laissait aucune place à la négociation. Mais lui, il a ricané. Il a dit que je n'irais pas bien loin à pied, puis, devant l'obstination de mon silence, il a grommelé que les travaux n'étaient même pas commencés. Il a murmuré que je n'étais qu'un petit capricieux, un maudit bébé gâté et que je le forçais à revenir tout seul préparer le chalet pour la saison froide. Il a appuyé très fort sur les mots « tout », « seul » et « froide ».

Bernard semble se souvenir des mots exacts, comme si c'était hier.

— Sans dire un mot, je suis allé chercher mes vêtements dans la chambre et me suis rendu dans la petite salle de bains. Je me suis assuré que le verrou de la porte était bien enclenché. J'ai délicatement tiré sur la couverture collée à mes épaules. Mon regard est longtemps resté figé sur le reflet de mes blessures dans le miroir. Je me laverais plus tard, une fois revenu à la maison. J'ai revêtu mes vêtements. J'ai soigneusement plié la couverture comme s'il s'agissait d'un linceul ou de quelque autre linge sacré. Pendant tout ce temps, je pouvais entendre des grognements de l'autre côté de la porte : « Est-ce qu'il pourrait bien se dépêcher, le maudit p'tit démon ? » La voix était imprégnée de reproches. Lorsque je suis passé devant lui, mon oncle était toujours assis sur la galerie. Je me suis rendu à l'automobile. Je me suis assis côté passager. Il m'a fait attendre pendant de longues minutes, puis il est venu s'asseoir au volant. Il a donné un violent coup de poing dessus : le klaxon a sonné fort.

La tempête approche. Je m'efforce d'entendre le filet de voix de Bernard par-dessus le vacarme du vent et des vagues.

— Sur la route du retour, nous n'avons pas échangé deux mots. Je me suis plaqué sur la portière de l'auto, le nez écrasé contre la fenêtre. Je voulais m'éloigner de mon oncle, ne plus respirer son odeur. J'observais le paysage défiler dans une espèce de brouillard; les images floues se fondaient l'une dans l'autre. Le frère de mon père regardait la route en conduisant. Après un moment, il a annoncé: «Il s'est rien passé là-bas. Rien du tout. As-tu compris?» Je n'ai pas répondu, alors sa voix est devenue plus ferme: «Je vais dire que t'as tout imaginé, comme d'habitude. Toute la ville sait que tu rêvasses tout le temps.» Je n'ai pas bronché. Alors mon oncle a levé le pied de l'accélérateur. Il m'a regardé puis a haussé le ton, pour me menacer, dans un débit plus rapide: «Si t'insistes, j'vais dire que tu veux te venger parce que j'ai refusé de t'acheter des gâteries.» Le véhicule a soudainement accéléré. Mon oncle a ricané en filant des méchancetés, du genre: «Oublie ça pour ta mère, tu vas voir comment elle va prendre son trou, la fausse Française avec sa petite face de carême.» Mais comme il était inquiet, il a pris un air sévère et m'a dit: «OK, t'as compris qu'il s'est rien passé?» Je suis demeuré silencieux pendant tout le trajet. De toute façon, je n'aurais pas su quoi dire.

Je ne peux m'empêcher d'être indignée.

— Mais intérieurement, comment viviez-vous ce mensonge?

— D'une certaine façon, j'étais soulagé. Je n'aurais pas à m'excuser d'avoir refusé de jouer son jeu puisque, selon lui, il n'y avait pas eu de jeu. Le vide se faisait en moi au rythme des arbres qui filaient à vive allure le long de la route 59. Aucun sentiment ne remontait à la surface – je vous le jure, Marjolaine! C'était comme si, pendant ma nuit passée sur la plage, j'avais enterré toute émotion.

Je suis vraiment abasourdie... Mais je reste coite. Je sais que je n'aurais pas réagi de la même façon.

— Toute sensation d'agression me devenait étrangère. Comme plus tôt sur le sable, aucune bile n'est montée dans ma gorge. Je n'ai versé aucune larme. Mon corps me disait qu'il ne fallait pas que je pleure, il ne fallait pas que les vannes s'ouvrent parce qu'on ne pourrait plus les refermer. Peut-être que j'étais simplement à sec.

— Que vous n'ayez plus eu de larmes à verser ou, au contraire, que vous les ayez retenues, le résultat était le même : vous étiez traumatisé, non ?

— Tout ce que je sais, c'est que mon âme était un résidu de bois mort. Pour le reste, comment savoir, au juste ? J'étais bien jeune, vous comprenez ?

Je lui offre un regard empreint de compassion. Bernard réfléchit un long moment en fixant les vagues qui font éclater leur écume contre le sable du rivage.

— Lorsque nous sommes arrivés à la maison, le frère de mon père a déclaré à la ronde : « Le p'tit a attrapé un rhume, il arrête pas de renifler », pour expliquer que nous soyons revenus plus tôt que prévu. Mon père, celui que je me suis mis à appeler « le frère du prêtre », a répondu machinalement : « Oui, c'est une petite nature. » Mon oncle a ajouté d'un air railleur : « C'est bien vrai, c'est une vraie p'tite fille. » Les deux hommes ont ri fort. Puis ils sont allés boire quelques bières dans la cour arrière.

— Et votre mère, vous lui en avez parlé ? Elle n'a rien dit ?

— J'ai aperçu maman debout à l'autre bout de la maison. Elle observait la scène d'un air confus, les bras ballants. À ses yeux hagards, j'ai compris qu'elle ne pourrait pas me venir en aide. Je lui ai souri timidement. Je pense que j'étais davantage gêné pour elle que pour moi. Je suis passé en coup de vent devant maman pour aller chercher mon sac à dos dans ma chambre. Puis, je suis parti au pas de course vers mon refuge au bout de la rue Deschambault.

— Vous vous êtes rendu sous le pont?

— Oui, je suis descendu au bord de l'eau pour me purifier. J'ai enlevé ma chemise, puis lentement, presque cérémonieusement, j'ai lavé les filets de sang le long de ma poitrine et de mes omoplates. J'ai baissé mon pantalon et je me suis nettoyé les cuisses. J'ai passé de longs moments à frotter et à rincer la couverture pour enlever les taches brunâtres de mon sang et celles grisâtres du sperme de mon oncle. Dimitri, Yvan et Alexeï s'étaient rangés comme des vigies de l'autre côté de la Seine.

— Heureusement que les castors étaient là pour vous tenir compagnie.

— Vous avez raison, Marjolaine. Avec eux, je n'étais ni seul ni silencieux dans ma solitude. Mes amis les castors étaient solidaires. Plus tard, il y aurait aussi les voix des auteurs pour m'accompagner dans la petite galaxie que je me suis créée.

Bernard glisse sa main dans la mienne. Je suis surprise, mais je serre sa main en retour.

— Rendu dans mon refuge, je me suis étendu sur le dos pour regarder les trains défiler sur les rails au-dessus de ma tête. Puis je me suis penché sur le calepin que j'avais apporté dans mon sac. À l'aide d'un crayon à mine, j'ai dessiné, griffonné, surtout. Rien de bien précis. J'ai aussi écrit des mots, pas de grandes phrases, je n'y étais pas encore. Je parlais de plage, de lac, de chalet, de lit, de castors, de ciel. Je me souviens que j'ai biffé les mots *CHALET* et *LIT* de plusieurs traits de crayon. Parfois, les mots et les images se superposaient dans un spectre embrouillé. J'ai écrit en grosses lettres carrées le mot *MAMAN*. Je savais que je ne devais pas me retrouver seul avec ce père qu'on m'avait imposé. Je devais veiller sur maman, m'assurer que rien ne puisse lui arriver. Si maman devait être frappée d'un malheur, je ne savais pas vers qui je pourrais me tourner. Vers sœur Marie-des-Oliviers ? Vers la dame juive ? Mais comment la retrouver parmi les grands édifices de l'autre côté de la rivière Rouge ?

Le temps rafraîchit. Assise à côté de Bernard, je tente d'imaginer la scène. Je frissonne en pensant à l'extrême solitude de ce garçon. Pour sa part, mon ami regarde vers l'île aux Fantômes.

— Ayant appris à me méfier des hommes, j'ai entrepris un long périple d'amour en compagnie des mots. Je crois que c'est à ce moment que la littérature est devenue pour moi une porte ouverte sur la vie. Les castors qui se baignaient paisiblement dans la Seine me semblaient plus sereins que les humains. Je m'étais souvent rendu sous le petit pont pour rêvasser, lancer des cailloux dans l'eau, les faire sauter, voir les ronds s'élargir puis s'évanouir ; mais je crois que c'est à partir de ce jour que cet endroit est véritablement devenu mon refuge secret, là où je pouvais me tenir à l'écart de la foule bruyante des hommes. Ce refuge est devenu un rempart, la première véritable barricade que j'ai érigée autour de moi. La première de plusieurs murailles pour me prémunir contre la tentation.

— Vous parlez de la tentation de vous perdre dans des espoirs impossibles ?

— Sans doute aussi de la tentation de laisser les autres s'approcher de moi. Je suis devenu aussi doux que renfermé...

Je lui fais signe de la tête.

— Il fait noir.

— Vous avez raison, il est temps de partir. Regardez, la tempête se lève sur le lac.

— Je crois que vous avez vu ce que vous aviez à voir ici, n'est-ce pas ?

Mon ami hésite.

— C'est vrai, même si je ne crois pas avoir encore tout compris ni complètement tourné la page.

Nous faisons nos adieux au lac Winnipeg. Je dirige Bernard vers le petit stationnement où nous avons laissé ma voiture lorsque nous sommes arrivés en matinée. Bernard a soigneusement plié la couverture. Il la tient à deux mains devant lui, comme on fait pour ne pas échapper un vase fragile et précieux. Il marche en levant à peine les pieds. On dirait qu'il veut étouffer le bruit de ses pas, comme s'il sortait de la chambre d'un enfant qui vient de s'endormir.

18

— Vous auriez la gentillesse de prendre le volant ?

Bernard me remet les clés du véhicule. Il range soigneusement la couverture grise sur la banquette arrière et s'assoit à la place du passager. Coulé en lui-même, Bernard est moins imposant que ce matin. Ses gestes sont lents, d'une timidité empreinte de délicatesse. Je lui souris. Nous reprenons la route du retour vers Saint-Boniface. J'attends qu'il recouvre ses esprits. Nous roulons depuis plusieurs minutes sur la route 59 avant que je lui pose une question :

— Vous n'avez pas porté plainte ?
— Porter plainte ? Contre qui ? À qui ?
— Contre votre oncle... pour l'agression ?
— Porter plainte, porter plainte... Plus facile à dire qu'à faire. Ma jeune amie, c'était tout simplement i-ni-ma-gi-na-ble à l'époque. Tout ça se serait retourné contre moi. Ça aurait été ma parole contre la parole de mon oncle. Ma parole contre celle d'un prêtre, de surcroît. Vous vous imaginez un peu ? Mon père aurait rejeté ma plainte du revers de la main, sans même

prendre la peine d'expliquer que «ces choses-là ne se font tout simplement pas chez nous». Il se serait contenté de laisser faire, comme toujours. Il devait nécessairement savoir que son frère – celui que la famille avait consacré à Dieu –, était souvent muté d'une paroisse à l'autre, même d'une province à l'autre, toujours pour d'obscurs motifs. Qu'il se disait sur mon oncle *des choses*, en catimini, qu'on se gardait bien de répéter en public. Vous pouvez bien deviner que notre petit milieu catholique romain n'était pas très friand de scandales. Ça ne se faisait pas. On ne lavait pas son linge sale en public. Ça aurait pu entacher la réputation de l'Église catholique, qui assurait notre salut éternel...

La voix de Bernard est traînante, ses mots sortent lentement, comme s'il devait aller au fond de son âme pour les trouver.

– Et puis, mon père ne se mêlait jamais de rien. Il préférait détourner le regard devant les obstacles. Aux haussements d'épaules de maman, je savais qu'on ne pouvait pas compter sur lui. À mes yeux d'enfant, dans mon cœur de jeune victime, mon père était coupable par association. C'était le complice de l'autre, son frère en soutane. J'ai perçu son apathie comme autant de trahisons, de rejets. Je ressentais dans son indifférence une forme d'agression peu subtile dirigée contre maman, mais aussi de plus en plus contre moi.

– Vous savez, Bernard, j'ai un peu de difficulté à imaginer que votre père était vraiment comme ça.

– Je vous comprends, Marjolaine. Aujourd'hui, j'en suis moins certain. Peut-être que ma mémoire défaille. Peut-être que mon père n'était pas aussi méchant que je le croyais. Peut-être qu'il ne savait tout simplement pas exprimer ses émotions. Je ne sais plus. Je crois bien avoir passé l'âge de me poser ce genre de questions.

— Votre mère, avec qui vous aviez tissé des liens serrés, n'aurait pas pu vous venir en aide ?

— Maman ? Comment lui en vouloir ? J'ai toujours été attaché à elle, mais disons que maman avait son côté sainte femme. Elle vivait selon les us et coutumes de son époque. Elle était prise dans ce petit carcan coincé dans les grandes Prairies, elle qui rêvait d'une vie dans des lieux féériques de France. Elle s'est enfermée dans les dogmes de la foi catholique. La religion lui a été source de réconfort, mais elle a également constitué son talon d'Achille. Vous ai-je déjà dit que maman a tenu à me rassurer ? Un jour que je lui ai avoué toute la répugnance que j'avais pour mon oncle, elle m'a répondu qu'il fallait passer au-dessus de « ces petites choses ». Elle a ajouté que mon oncle était le digne représentant de Dieu, le porte-parole de notre mère, la sainte Église infaillible.

Bernard regarde la route, devant. Le vent tombe, la pluie s'adoucit à mesure que nous nous éloignons du lac Winnipeg. Mon ami marmonne. Il lâche des mots à peine prononcés et sans vigueur, comme pour les retenir, pour souligner que la dénonciation n'aurait servi à rien, que d'en parler aujourd'hui serait tout aussi futile.

Je dis doucement :

— Et la police, alors ?

— Vous voulez dire le sergent Cormier ? Bien, voyons ! De sa grosse voix de taverne, il m'aurait traité de petit voyou, il aurait crié « Maudit *fuckin'* p'tit criss de *bum* de bâtard de marde ! » ...et d'autres jurons bien sentis. Il m'aurait rappelé l'épisode des balles de neige, l'incident de la chorale, et bien sûr, ma prestation devant la reine Elizabeth. Je ne doute pas une seconde qu'il se serait montré des plus sévère, du genre de : « *Shit*, t'as rien appris de tes crimes ! » Le sergent Cormier se plaisait à répéter que la société était devenue trop bonasse. Il fallait retourner aux bonnes vieilles méthodes, celles qui avaient fait leurs preuves : *la grosse strap en cuir pis les coups de pied bien placés au cul.* Il m'aurait servi quelques taloches. Il m'aurait averti de ne plus répandre des « parlottes » contre un homme en soutane. S'il m'avait laissé le temps de décrire l'incident, il aurait conclu qu'il ne pouvait y avoir d'infraction sans entrée par effraction. Et si j'avais insisté, il m'aurait rappelé que, depuis ma récente première communion, j'avais acquis l'âge de raison, puis il m'aurait accusé du crime de provocation. Je l'imagine dire : « Tu l'as piégé. Ça, c'est de l'*entrapment*, mon p'tit bonhomme ! T'es allé chercher le pauvre prêtre dans un moment de grosse fatigue. » Il m'aurait ainsi transformé de victime en agresseur de ce curé mal foutu. Il aurait ajouté que le mensonge se lisait dans mes yeux de petit délinquant. Il aurait fait valoir qu'une victime d'agression ne se contente pas de s'asseoir paisiblement sur la plage à contempler les étoiles. Je me serais donné en spectacle. On m'aurait montré du doigt partout où je serais allé : à l'école, dans la rue, au parc. Et moi, haut comme une asperge... une petite asperge bien chétive... qu'est-ce que j'aurais pu dire, au juste ?

J'ouvre la bouche pour parler, mais Bernard ne me laisse pas l'interrompre.

– Pendant cette nuit passée à la plage, j'ai enterré les circonstances de l'agression : je savais que cet incident s'était produit, mais les détails se sont glissés dans la pénombre de ma mémoire. Je me suis forcé à les oublier. Tout cela devenait flou. C'était peut-être mieux ainsi. Il ne fallait pas que je suffoque de ce que m'avait fait cet homme. Il ne fallait pas que j'étouffe de la honte de ce geste auquel, pour n'avoir pas résisté, il m'apparaissait avoir participé de plein gré. Voilà ce à quoi j'ai réfléchi pendant les mois qui ont suivi. Je me suis convaincu qu'il ne s'était produit que quelques gestes anodins : *Il est pas rentré dedans. Il est resté dehors. Il s'est juste un peu frotté contre moi. Il a pas forcé la porte.* Comme le voyeur qui, après avoir regardé par la fenêtre, ne franchit pas le seuil de la maison. Seule l'empreinte du corps de mon oncle restait collée à ma mémoire. Son corps nu et velu… ses poils roux… le liquide chaud et gluant qui parfois coule encore entre mes cuisses… entre mes petites fesses fermes et frêles… aujourd'hui, devenues larges et flasques…

Un long silence s'installe entre nous. Bernard respire profondément. Il s'est vidé le cœur. Il regarde le faisceau de lumières devant la voiture, puis le ciel.

– C'est souvent comme ça dans ce coin de pays. La tempête qui s'élève sur le lac s'essouffle sur les plaines, puis s'éteint avant d'atteindre la ville.

Nous écoutons Bach. Il tend la main vers l'appareil, puis la retire.

– Vous pourriez changer d'interprétation, passer de Yo-Yo Ma à Rostropovitch ? Je préfère son interprétation plus classique du violoncelle.

– C'est à cause de cet incident que vous avez quitté Saint-Boniface ?

Mon ami ferme les yeux. Sa réponse se fait attendre.

— Je ne pourrais en avoir la certitude. Je sais cependant qu'une décision n'est jamais fondée sur un seul motif. Ce serait trop simple. La vie ne permet que la complexité. La vie, la mort sont à la fois du côté soleil et du côté lune d'un même astre. Tout se conjugue, en quelque sorte.

— Êtes-vous bien certain d'avoir tout à fait quitté le Manitoba, même après toutes ces années ?

Bernard hésite.

— Voilà justement une bonne question. J'y ai songé, souvent même, mais je ne crois pas avoir encore trouvé de réponse satisfaisante. Ça aussi, ça reste à résoudre.

Le crépuscule est long et silencieux lorsque nous arrivons devant son auberge. Mon ami me demande de me garer là quelques instants. Je le laisse à ses pensées. Des rayons de lune luisent sur le capot du véhicule. Un léger vent de juin caresse mon bras. Saint-Boniface baigne dans une douce quiétude de début d'été. Bernard murmure, tout bas, pour lui-même, comme s'il était seul.

— Ce soir, je suis un loup repentant tapi à l'ombre de souvenirs depuis trop longtemps ensevelis.

Mon ami ouvre la portière. Je saisis quelques bribes de ce qu'il marmonne.

— ... je ne sais depuis quand, dans l'ultime but de survivre à la solitude du jour et de la nuit, je ressens le douloureux besoin de m'accrocher aux lourdes ailes de la poésie.

Très touchée, je veux dire quelques mots, mais Bernard s'est déjà retourné. Il me salue vaguement de la main au-dessus de son épaule. Demain est un autre jour.

19

Bernard m'a appelée ce matin. Il m'a donné congé jusqu'en début d'après-midi.

Je profite de ce moment de liberté pour poursuivre la rédaction de mes impressions sur sa visite. En écrivant, je me remémore notre conversation téléphonique :

> Bernard se rend au cimetière. Au téléphone, il m'a dit qu'il veut se recueillir sur la tombe de ses parents, surtout sur celle de sa mère. Puis, après avoir hésité, il a ajouté :
> — Aussi, la tombe de... enfin, vous savez, de papa... Je vais peut-être me surprendre à m'agenouiller devant sa pierre tombale.
>
> Il a toussoté, sans doute à la perspective de se retrouver devant les restes de son père. Il a expliqué qu'il veut ressasser de vieux souvenirs, filtrer les images, trouver le fil conducteur « si toutefois un fil existe pour rattacher tout ça ». Il a réfléchi avant de répéter, tout bas : « Si toutefois... », puis il s'est tu. J'ai cru qu'il avait mis fin à l'appel, mais il cherchait ses mots. Il a ajouté que les événements se vivent mieux lorsqu'on les laisse reposer dans une grange de souvenirs. Il a eu ce mot que je me suis efforcée de mémoriser :
> — Une fois entrouverte, la barrière de la mémoire peut-elle

à nouveau se refermer? Est-ce qu'il n'est pas préférable de laisser le vent des années brosser une nuée de poussière sur nos pas?

Changeant de sujet, Bernard m'a demandé si je me plaisais à Winnipeg. Je sentais qu'il retenait cette question depuis un bon moment déjà.

– Vous ne vous ennuyez jamais des vôtres?

Je lui ai expliqué que je retourne parfois à Montréal passer quelques jours, pour les anniversaires, les fêtes, mais que mon fils William et moi sommes chez nous, au Manitoba. Que c'est ici que nous avons pris racine.

Il a complété ma pensée.

– Les vôtres sont maintenant ici, sous le grand ciel bleu de ces vastes plaines dorées et de ces forêts vertes…

– …et de la grande ville.

Nous avons ri. Bernard a répété: «…et de la grande ville, c'est bien trop vrai.» J'ai ajouté que ma famille et mes amis viennent de plus en plus nous visiter.

– Vous ne songez donc pas à retrouver un jour la terre de vos ancêtres? Celle qui vous a vu naître? Ou encore à continuer ailleurs, dans une autre direction? C'est ce que vous vouliez faire lorsque je vous ai proposé ce déménagement. Vous vous en souvenez? Vous préfériez aller plus à l'ouest, au-delà des Rocheuses, vers la Californie. Vous ne rêviez que de ça.

Il m'a demandé si mes rêves s'étaient évanouis. Je n'ai pas répondu. Bernard a fait une pause, puis il a repris, d'un air plutôt taquin:

– Lorsque je vous ai offert de venir ici, n'avez-vous pas traduit *Midwest* par *Middle-of-Nowhere*?

– Ça fait longtemps. Vous savez, j'étais Montréalaise, à cette époque.

Il a eu un petit rire, un rire avec un fond sérieux.

– Ce n'est pas nécessairement un défaut.

– Non, pas toujours.

– C'est donc que vous avez changé.

Je réfléchis.

– Oui, j'ai changé, mais plusieurs autres choses ont aussi changé, là-bas, ici aussi.

– Vous étiez donc Montréalaise et ne l'êtes plus.

– Et vous, vous avez tout fait pour le devenir, sans jamais y arriver. Non ?

– Oui, je pense bien avoir tout essayé. J'ai sans doute perdu mon temps à vouloir être ailleurs. À vouloir devenir un autre. Certains animaux peuvent muer mais pas les humains. On ne peut forcer la nature à devenir ce qu'elle n'est pas.

Avant de raccrocher, mon ami a insisté sur l'influence du Collège de Saint-Boniface dans sa vie.

– Ma vie d'adulte s'y est en bonne partie dessinée. Il me reste maintenant à en élucider le mystère.

– Je sens que vous avez fait de grands pas, depuis quelques jours.

– Peut-être. L'avenir le dira.

– Alors, à plus tard, devant votre collège.

J'enregistre mes notes dans un fichier électronique. Je prends le temps de répondre à des courriels ; même en vacances, les messages continuent de s'accumuler. Je ne peux pas tout à fait laisser en plan les clients de la firme. Je vais faire une marche. En passant devant les boutiques de l'avenue Osborne, je songe que la venue de Bernard me permet finalement de mieux le connaître. Je suis heureuse que des liens d'amitié commencent à s'établir entre nous.

20

Je circule en voiture dans les rues qui ceinturent le Collège de Saint-Boniface, à la recherche de Bernard. Nous devions nous retrouver devant la grande entrée qui donne sur l'avenue de la Cathédrale. Bernard n'y est pas. J'interroge quelques passants. Personne n'a aperçu un homme distingué aux cheveux blancs en habit safari. J'appelle à son auberge. On me dit qu'il est parti en taxi tôt en matinée. Je tente ensuite de le joindre sur son téléphone portable. Je n'ai aucune réponse; mon appel échoue sur une boîte vocale pleine. Après plusieurs minutes, je le trouve finalement assis sur un banc du parc Provencher, à quelques rues du collège. Il regarde vaguement les enfants courir et se lancer des ballons. En voyant mon regard inquiet, Bernard prend l'air piteux d'un garçon surpris la main dans le sac de sa mère. Pour toute explication, il me dit :

– Ah bon, je croyais pourtant que…

Son esprit retourne dans un endroit dont l'accès m'est interdit. Il a toujours été comme ça mais, depuis son arrivée au Manitoba, cela lui arrive plus souvent.

Je fais monter Bernard dans mon véhicule et rebrousse chemin en direction du collège. Le soleil du début d'après-midi se reflète sur les grandes fenêtres de l'édifice en pierres. Nous sortons de ma voiture et traversons la rue. Bernard pointe du doigt :

— Regardez la banderole. Mon collège a pris du galon, c'est maintenant une université. Mais même à l'époque de ma jeunesse, n'entrait pas ici qui voulait.

— C'est derrière ces murs qu'on formait l'élite de demain ?

— Et ce n'est pas peu dire. Le Collège de Saint-Boniface protégeait jalousement son enviable réputation. Ceux qui n'y étaient pas admis étaient relégués aux bancs de l'école publique. Et ça, mon amie, on se chargeait rapidement de nous faire savoir que c'était une forme de rejet.

L'édifice qui jette son ombre devant nous est à la fois magnifique et imposant. L'entrée est surplombée par quatre colonnes d'une hauteur de deux étages. Une coupole argentée domine le paysage. Une lueur blanche scintille sur une croix qui coiffe le dôme.

— Ma chère Marjolaine, c'est là, en haut de ces marches, que j'ai été accueilli au collège... En fait, je devrais plutôt dire que c'est là qu'on m'a servi mes premiers avertissements.

— Je ne comprends pas. On vous attendait ?

— C'est le moins qu'on puisse dire ! Dès mon arrivée, on m'a interpellé : « C'est vous, le petit chenapan. Il paraît qu'il faut se méfier de vous. » J'ai regardé autour de moi, mais j'étais le seul élève sur le palier. J'ai vite compris que la personne qui avait parlé serait appelée à jouer un rôle déterminant dans la suite de ma vie. Il était là, debout devant moi, l'homme qui me fixait de son regard d'aigle. Il était haut comme une tourelle de château, à l'ombre de sa longue soutane noire. Juste à le regarder comme ça, je me suis dit qu'il était certainement la plus grande personne à avoir jamais foulé le sol de Saint-Boniface. Il était même plus grand que Crunch Cormier. Et Cormier était quand même tout un colosse, je vous l'ai dit!

— On ne peut pas dire qu'on vous ait accueilli à bras ouverts.

— Pas exactement, non. Par-dessus le marché, les jours avant mon entrée au collège ont donné lieu à un jeu de souque à la corde avec maman. Celle-ci insistait pour m'accompagner. De mon côté, je disais que ça ne se faisait tout simplement pas d'arriver chez les grands, collé aux jupes maternelles. Je la soupçonnais de vouloir garder un œil sur moi.

— Votre mère ne vous laissait pas voler de vos propres ailes?

— C'est que maman voulait s'assurer que je n'enfreigne pas les règlements de l'institution. Voyez-vous, mon admission n'avait pas fait l'unanimité. Mes actions de la dernière année au Jardin de l'enfance avaient laissé des traces dans notre petite communauté. Le matin de mon entrée, je n'étais pas du tout certain d'avoir convaincu maman. J'ai donc quitté la maison tôt et me suis faufilé de rues en ruelles pour m'assurer d'arriver seul ici.

— C'est un édifice majestueux. Vous deviez être impressionné.

— Alors là, aucun doute là-dessus! Qui ne le serait pas? Vous avez sans doute remarqué que ce n'est pas un grand quartier, le Vieux Saint-Boniface. J'étais donc souvent passé devant le collège, mais c'était seulement la deuxième fois que j'allais y entrer. Je me suis retrouvé tout petit dans mes chaussures neuves de collégien novice, là, devant ce grandiose personnage qu'était le révérend père Thibaud de la Survenance. Il ne cessait de me toiser. À son air sévère, il m'est apparu évident que ma réputation de cabotin et d'esprit libre me collait à la peau.

— Il fallait se conformer à un code très strict dans votre milieu.

— À qui le dites-vous! Je me suis donc rapidement mis en tête d'éviter toute confrontation, de démontrer que l'été m'avait porté conseil, et que je me trouvais dorénavant dans de nouvelles dispositions. «*Mecum veni*, suivez-moi, jeune homme, j'ai des choses à vous faire comprendre.» Le prêtre venait de parler.

— Il allait vous dicter un code de conduite?

— Absolument! Il m'a entraîné à sa suite dans un bureau digne d'un premier ministre. Il s'est assis derrière une grande table au vernis reluisant et m'a fait part de ce qu'il a appelé les «règles de vie». Ces règles étaient imprimées sur une feuille portant le sceau des Jésuites. Le prêtre a pris un air sombre en levant le nez de la feuille. Il m'a fixé au-dessus de ses lunettes: «*Errare humanum est, perseverare diabolicum.*» Il a fait une pause avant de traduire: «L'erreur est humaine, mais persévérer dans son erreur est diabolique.» Il m'a appris qu'il fallait apprendre de ses fautes, mais surtout ne pas les répéter. Puis il a dit: «Je vous ai à l'œil, petit truand.» Le bon père parsemait son discours d'aphorismes latins comme: «*Bis peccare in bello non licet* – À la guerre, il n'est pas permis de se tromper deux fois. » Le ton de sa voix ne laissait place à aucune discussion.

– À une autre époque, vous répétiez que, tout au long de la vie, on ne vit jamais autrement qu'en liberté surveillée.

– Je l'avais oublié, mais c'est bien vrai. Vous avez bonne mémoire. En tout cas, le père de la Survenance se faisait un devoir de nous rappeler cette vérité. Il aimait nous semoncer à coups de : « *Dura lex, sed lex.* – La loi est dure, mais c'est la loi. » Je n'ai rien dit, je hochais sagement la tête, fronçais les sourcils et plissais les lèvres dans un signe d'acquiescement. J'avais appris à me protéger des autres, vous comprenez, après mon oncle. Je savais qu'il fallait se méfier du clergé. Je n'allais pas surtout m'en prendre directement à ces hommes qui cachaient leurs mauvaises intentions sous de grandes soutanes... Et comme vous venez de le dire, puisque je n'aurais pu sortir vainqueur d'une telle confrontation, ma sincérité serait équivoque. Au bout d'une quinzaine de minutes à me sermonner, le père de la Survenance m'a demandé si je comprenais bien ses directives. Sans attendre ma réponse, qui de toute façon ne serait pas venue, il m'a dit d'aller rejoindre mes camarades en classe : « *Vade retro, satanas.* »

– Fiche-moi la paix, espèce de diablotin.

– Oui, en traduction libre, bien sûr.

Bernard me retourne un sourire entendu.

– Cette première rencontre m'a permis de comprendre l'importance d'être dans les bonnes grâces de ce personnage sévère.

– Vous vous êtes conformé ?

— Du moins en apparence. Je me suis surtout renfermé sur moi-même. J'avais décidé que je serais à la fois créateur et maître de ma solitude. Mon idée était faite. Ce temps passé sur les bancs du collège ne serait qu'une traversée vers un autre monde, quelque chose que je devrais endurer, *en attendant*. Ce serait une période de latence pendant laquelle je me préparerais à un avenir encore à définir.

— Il faut sans doute commencer par comprendre sa vie pour ensuite se l'approprier.

— Surtout, je pressentais qu'il faudrait ne compter que sur moi-même pour façonner ma destinée.

Bernard s'approche du collège. Il m'invite à poser la main sur le mur, à suivre des doigts les sinuosités dans la pierre de calcaire venue de Tyndall, au nord-est de Winnipeg. La pierre est d'une texture riche, aux fins reliefs formés par des plantes fossilisées. C'est une pierre à la fois belle et résistante, de couleur ambre piquetée de teintes de brun et d'ocre. Je me tourne vers Bernard.

— On dirait de l'art préhistorique, comme les dessins de la grotte de Lascaux.

— Mais cette fois, sans intervention humaine.

— Oui, la nature a voulu nous laisser son propre testament.

Bernard devient songeur ; je sens le besoin de le ramener à son propos initial.

— Le père de la Survenance occupait donc une place importante au collège.

— Tout à fait, et pas seulement au collège. Sa seule présence possédait une ardeur… comment dirait-on… oui, une impressionnante force vive au sein de notre communauté bonifacienne. Laissez-moi vous en parler, vous verrez que ce personnage hors du commun était le reflet d'une époque révolue.

Bernard m'invite à le suivre dans la grande cour arrière du collège. Sa fatigue des jours récents l'a quitté. La mention du père de la Survenance a ranimé son enthousiasme. Il fait des gestes d'encouragement aux filles et aux garçons qui jouent au soccer dans le terrain devant nous.

— Le révérend père Thibaud de la Survenance avait tout pour impressionner notre petite élite locale. Il aimait répéter que son ordre religieux, la Compagnie de Jésus, avait été fondé par Ignace de Loyola dès 1537. D'un ton tranchant, il insistait sur la date. Il était Jésuite, donc au-dessus des autres ordres. Certains jours, le père de la Survenance portait à lui seul la croix de son auguste congrégation.

— C'était un personnage aussi imposant que ce collège, à sa façon.

— En effet, le père de la Survenance dominait tout autour de lui. Il surgissait à tout moment d'un coin sombre pour prendre les élèves en train de contrevenir à quelque obscur règlement. Nous disions qu'il « survenait de nulle part ». Vu les surprises qu'il nous réservait, on aurait cru à un sobriquet, Survenance, plutôt qu'à un patronyme. Cela ne s'invente pas, seule la nature peut prévoir d'aussi improbables coïncidences. Il était omniprésent et omniscient: préfet de discipline, conseiller spirituel, professeur de latin et de français.

— Il voulait former votre pensée?

— Oui, notre pensée et toute notre vie. D'ailleurs, seul le chanoine Lionel Groulx, parmi les penseurs du Canada français, trouvait quelque mérite à ses yeux. Tout comme Groulx, le père de la Survenance croyait que ce qu'il appelait « le grand héritage de l'âme ancestrale » avait été voulu par Dieu. Par conséquent, ce passé devait nous guider, nous, pauvres mécréants, vers le Créateur. *L'appel de la race*, *Je me souviens*, *Notre maître le passé*, enfin, cette litanie de slogans ultramontains, tout cela résonnait fort dans son cœur de patriote catholique romain.

— C'est une époque que j'ai de la difficulté à imaginer.

— Eh bien, vous n'avez rien entendu! Écoutez bien. Dans son dos, on le surnommait *Pétain*. Pour nous, il était évident que notre homme avait été un proche collaborateur du régime nazi. Ça allait de soi – comme pour tout Français de son âge, sans besoin d'aucune autre vérification que le bouche-à-oreille des couloirs de collège.

— Mais vous savez comme moi que les jeunes exagèrent parfois.

— Peut-être, mais la rumeur crée ses propres certitudes. Chose certaine, le révérend père de la Survenance exerçait une influence sur la vie de notre communauté. Il avait le dos juste assez voûté pour se donner un air supérieur. De sa voix grave aux belles sonorités, il « parlait bien », avec une « belle manière européenne », comme on disait. Pour l'imiter, certains de nos notables agrémentaient maladroitement leur patois d'accents pointus et de mots inconnus à la sonorité onctueuse.

Je pouffe légèrement.

— On faisait ça ailleurs, aussi.

— Bien sûr… et on le fait encore aujourd'hui. Je pourrais d'ailleurs vous nommer des personnes connues…

Mais revenons plutôt au père de la Survenance. Il avait de bonnes manières et sa condescendance était perçue comme un signe de la papauté, comme s'il eût été tout droit sorti de Rome ou d'Avignon.

– Qu'aucun d'entre vous n'avait jamais visité.

– Et que nous ne connaissions d'ailleurs que d'après la description qu'il en faisait. Il y avait aussi le latin. Il savait très bien que les personnes à qui il s'adressait n'y entendaient que du grec. Ça lui permettait de rappeler son stage remarqué au Saint-Siège. En affichant la plus grande humilité, il se plaisait à rappeler – «en toute confidence», comme il disait – la chance qu'il avait d'entretenir d'étroites relations avec le pape Pie XII. Il glissait au creux de l'oreille de ses interlocuteurs privilégiés que Sa Sainteté l'invitait au palais pontifical de Castel Gandolfo, insistait pour qu'il l'appelle Eugenio, «entre vieilles connaissances», et tout le tralala. Vous comprendrez, Marjolaine, que nous étions pas mal impressionnés par lui.

– Oh là là, il était pontifiant, votre Thibaud !

– Il ne se gênait pas. Par exemple, il répétait qu'il n'espérait rien en retour de son amitié avec le pape, bien qu'il avouait, «en toute modestie», qu'il saurait bien se laisser convaincre de porter la chasuble pourpre du cardinal...

– Si cela pouvait aider au rayonnement de l'Église...

– ...et il nous rappelait que la voie vers le Saint-Siège suivait un parcours ininterrompu tracé de Saint-Boniface vers Montréal, puis Paris, puis Rome. C'est pour cela qu'il fallait se méfier de la perfide Albion.

– La perfide Albion ? Je suis désolée, je ne comprends pas.

– Oui, oui, l'Angleterre, sa religion protestante et *tutti quanti*, car il était clairement établi que qui perdait sa langue perdait aussi la foi catholique, ce qui était bien pire, croyez-moi ! Hors de cette conduite, point de salut : les portes de la perdition s'ouvraient toutes grandes sur un précipice infernal.

– Je vous avoue que je l'aurais trouvé pas mal agaçant avec ses manières des vieux pays d'Europe. Mais revenons-en à votre première journée. C'est devant ce prêtre que vous vous êtes retrouvé en arrivant au collège.

– Je suis désolé, je me suis un peu égaré. Je disais donc que le père Survenant m'avait sermonné.

– Je présume qu'il voulait vous faire comprendre qu'il savait qui vous étiez.

– Et ce n'était pas un compliment, croyez-moi. Il m'a dit qu'il avait été assis à la droite de monseigneur l'évêque lors du concert au Jardin de l'enfance et qu'il avait été aux premières loges de Sa Gracieuse Majesté, dans le parc Provencher. Le début de mon année scolaire s'est donc déroulé sous le regard sévère et soupçonneux du prêtre et de ses acolytes. Mais comme j'étais déjà passé maître dans l'art de l'innocent acquiescement qui ne compromet pas, je me suis vite attiré les compliments des religieux. Chacun était fier d'avoir contribué à mon redressement. J'avais déjà résolu de me tenir à l'écart de toute vie collégiale, en un mot, de me mêler de mes affaires, surtout lorsque mes interlocuteurs portaient la soutane.

— L'agression par votre oncle…
— Le viol… je peux aujourd'hui prononcer ce mot.
— …aurait marqué n'importe quel enfant. Ce genre de geste laisse toujours de profondes cicatrices.
— Oui, même à cette époque, je camouflais ces sentiments, je vous l'ai déjà dit, n'est-ce pas ? Aussi, mon attitude s'est révélée être à la hauteur des attentes des autorités du collège. On m'a félicité. On a souligné mon comportement exemplaire. Par exemple, on a fait de moi un modèle à suivre lors de ce qu'il a été convenu d'appeler *la rafle du crachage*.
— Le crachage ?
— Le père Thibaud a proclamé haut et fort que ce n'était pas moi, son valeureux protégé, qui serait allé avec d'autres garçons dans le fond de la cour pour déterminer qui parviendrait à cracher le plus loin.
— On dirait bien que c'était un jeu plutôt puéril pour des collégiens…
— Voyez-vous, c'est qu'ils étaient six ou sept garçons à se placer côte à côte derrière un mur au fond de la cour. Et il ne s'agissait pas vraiment de cracher. En réalité, ils baissaient leur pantalon et se branlaient furieusement. La rapidité d'exécution, la longueur et la force du jet étaient gages de virilité.
— On dirait un rite de passage pour adolescents.
— Oui, en quelque sorte. Le vainqueur du jour était facile à reconnaître. C'était celui qui bombait le torse. Convaincu que je n'avais pas participé à ce petit jeu, le père de la Survenance était bien fier de moi. Il a même posé la main sur mon épaule pour m'encourager : « *Alta alatis patent*. Les portes du ciel vous sont ouvertes, Bernard, parce que vous avez des ailes. »

Je ne demande pas à Bernard s'il faisait partie de ce groupe de petits délinquants, tellement cette hypothèse me paraît incongrue.

— Mais où en étais-je? Ah oui, j'ai plongé tête première dans plusieurs matières: le français, le latin, la géographie et l'histoire. J'excellais dans les exercices de latin. Je dévorais les récits de Jules César. Je m'enfermais dans la bibliothèque du collège pour mieux suivre, sur un globe terrestre, les péripéties de ses conquêtes. Je trouvais fascinantes les descriptions que faisait cet homme, qui semblait n'avoir rien d'autre à faire que de toujours combattre pour étendre les frontières de son vaste empire. J'ai noté la façon qu'il avait de parler de lui-même à la troisième personne. Cette forme de détachement me plaisait.

— Le père de la Survenance a dû remarquer votre ardeur.

— Il voyait surtout dans mon excellence une validation de ses incontestables talents d'enseignant. Mais je dois avouer qu'on a souligné mon manque d'intérêt flagrant en sciences et en mathématiques. On m'a averti en quelques occasions, on m'a remis des billets pour mes parents. Le père de la Survenance m'a sermonné à nouveau, mais peut-être seulement pour la forme.

Bernard s'arrête. Il exécute quelques pas de course pour récupérer un ballon sorti du rectangle de jeu. Il retourne le ballon d'un solide coup de pied. J'applaudis pendant que les collégiens sifflent leur admiration.

— Messi et Ronaldo n'ont qu'à bien se tenir.

— Oh, vous savez, je suis encore bien loin de la Coupe du monde.

Il reprend son souffle avant de poursuivre son récit.

— On m'a réprimandé, mais le père de la Survenance s'était pris d'affection pour moi, sans doute parce que j'étais l'élève le plus brillant dans les matières qu'il enseignait. Il exhibait à tout venant mes travaux en latin et en français. Pour ma part, j'ai mis mon imagination à contribution pour pallier mon manque d'ardeur pour le solfège des sciences. J'avais remarqué que plusieurs des grands scientifiques avaient des noms juifs. J'ai donc décidé d'utiliser des patronymes à consonance juive dans mes réponses d'examen de physique et de chimie. C'est ainsi que j'ai été à l'origine de la *Théorie de la circulation triangulaire* du physicien Horowitz, du *Principe de l'électron à double conduction* de l'académicien Schwartz, du *Théorème des trois temps inversés* du savant mondialement reconnu Benjamin Levy, de *L'Hypothèse de la conscience spatiale* telle qu'exposée par le triple nobélisé Yitzhak Meir et de *L'Axiome variable conjecturalement hélicoïdal* du brillant professeur Abraham Dreyfus. Ma maîtrise de la langue française et mon imagination débordante aidant, je fignolais des réponses qui auraient pu en emberlificoter plus d'un, même parmi les plus aguerris.

— Sauf vos professeurs attitrés…

— Et comment! Certains enseignants m'ont traité de petit fumiste. Ils voulaient que je sois immédiatement renvoyé du collège. Les discussions ont fait rage en haut lieu.

— Mais on a décidé de vous garder.

— Il s'en est fallu de peu, mais il s'est produit un miracle. Pour tout dire, c'est finalement l'apparition inespérée de Gabrielle Roy qui m'a évité d'être sévèrement puni.

— Pardon, Bernard. Vous parlez bien de l'écrivaine ?

— Oui, oui, celle du Prix Femina. Vous savez, *Bonheur d'occasion*, *La Petite poule d'eau*...

— Mais qu'est-ce qu'elle vient faire là-dedans, Gabrielle Roy ?

— Écoutez bien, vous allez comprendre.

21

Nous nous assoyons sur un banc de bois défraîchi, à l'ombre de la statue encastrée de Louis Riel. J'écoute Bernard m'entretenir de ses années de collège.

– Un matin, lorsque nous sommes arrivés en classe, nous avons été surpris d'apercevoir une religieuse toute de noir vêtue. Elle se trouvait là, devant le tableau noir, aux côtés du révérend père de la Survenance. L'air sombre et le regard sévère, notre professeur nous l'a présentée : «Jeunes hommes, sœur Léon-de-la-Croix aura pour mission, au cours des prochaines semaines, de vous apprendre le bon parler.» La voix du prêtre est devenue solennelle. Il a expliqué que les gens de bonne société devaient savoir bien s'exprimer. Selon lui, nous parlions trop mollement : «Vous marmonnez comme des vaches espagnoles, plutôt que de prononcer correctement les mots.» Il fallait, en les soumettant à des exercices soutenus, renforcer nos muscles responsables de l'articulation. «Une bonne élocution est le reflet d'une âme et d'un corps sains : *anima sana in corpore sano.* » Le bon parler était de mise dans sa France natale ; ce serait le cas dans son Manitoba d'adoption.

— Mais ce qu'il était condescendant, votre Français !

— En fait, parfois, il utilisait même l'expression « Manitoba d'évangélisation ». Je pourrais vous parler de ça, mais ce sera pour une autre fois.

— Oui, j'aimerais bien en savoir plus, mais d'abord la diction... ?

— Voilà, la diction était au cœur même de son enseignement. Le père de la Survenance disait qu'il nous fallait pallier plusieurs siècles de négligence, qu'avec l'aide de cette brave religieuse, nous y parviendrions... du moins ceux d'entre nous qui en avaient les capacités et qui y mettraient un effort soutenu. Le père de la Survenance nous a sermonnés : « Vous ne devez reculer devant rien pour réussir, car *audere est facere*, oser c'est faire, ne l'oubliez surtout pas, jeunes hommes ! » Tout en nous fixant sévèrement, il a fait signe à sœur Léon-de-la-Croix de se diriger vers l'avant de la classe. Il a ajouté qu'elle nous aiderait à relever notre diction à un niveau « acceptable dans une société digne de ce vocable », ce furent ses mots ! Alors qu'il nous confiait aux soins de sœur Léon, il a dit : « Grâce à cette bonne religieuse, par des sentiers ardus, vous irez jusqu'aux étoiles. » J'ai traduit d'une voix assurée en relevant le menton : « *Ad astra per aspera.* » Le religieux m'a fièrement regardé du coin de l'œil. Puis il nous a salués comme ceci : « Je vous souhaite de réussir aussi bien que les filles de l'Académie Saint-Joseph. Elles peuvent presque toutes dire rapidement et sans faute : ton thé t'a-t-il ôté ta toux. » Et il est sorti en claquant les talons.

Bernard devient songeur.

– Je dois avouer, Marjolaine, que pour ma part, je voyais dans cet exercice un défi à la hauteur de mes ambitions.

– J'imagine que vos progrès devaient être évalués à la fin du semestre.

– Mieux encore. Nous aurions à participer à un grand concours d'élocution. Un bref regard autour de la classe a suffi à me rassurer : je saurais m'imposer sans trop de difficulté.

– J'ai l'impression que gagner n'était pas suffisant, que vous vouliez surtout vous surpasser.

– Et comment! J'y ai mis beaucoup, beaucoup d'efforts. Je me pratiquais en marchant dans la rue, devant le miroir de la salle de bain, avec maman, et même avec mes castors sur le bord de ma petite Seine. Parfois, en regardant au-dessus de la clôture la voisine qui mettait son linge à sécher sur la corde, je déclamais un virelangue de circonstance : «Les chemises de l'archiduchesse sont-elles sèches, archisèches?» La voisine, brave femme plutôt simple, était juchée sur un escabeau pour placer les épingles en bois. Elle haussait les épaules et répliquait : «Sont pas chesses, bon 'yeu, tu vois pas que j'les plache au choleil?»

Bernard et moi rions de bon cœur.

– Comme pour mes exercices de latin et de français, je m'appliquais. J'accueillais chaque nouvel exercice avec un plaisir à peine dissimulé. Je m'attardais après les cours, auprès de sœur Léon-de-la-Croix, comme je l'avais fait auparavant avec sœur Marie-des-Oliviers. Mon engouement croissait au même rythme qu'augmentait le niveau de difficulté. Je faisais tourner plus d'une tête lorsque je marchais dans la rue en faisant mes exercices, un crayon au travers de la bouche. Je prenais aussi plaisir à narguer mon père en prononçant chaque syllabe de chaque mot que je disais.

— Ce qui devait énerver votre père.

— Oh oui. Il rouspétait. Il écrasait sa cigarette dans son assiette, puis il quittait la pièce en grognant et en tapant du pied.

Bernard hausse les épaules.

— Quoi qu'il en soit, sœur Léon et le révérend père de la Survenance ont remarqué mon progrès et ont vanté mes qualités en haut lieu. À la fin du semestre, j'ai reçu leurs félicitations lorsque j'ai réussi, devant tous les élèves et la direction du collège, à prononcer sans faille, le crayon placé dans la bouche, le plus redoutable des virelangues.

Mon ami se dresse comme s'il était devant un vaste auditoire. Il déclame :

— Un chasseur sachant chasser chasse sans son chien.

Je l'applaudis :

— Bravo ! Vos parents devaient être bien fiers de vous.

— Maman flottait sur un nuage de me voir parler comme elle croyait que ses ancêtres avaient dû le faire.

— Tout à l'heure, vous avez mentionné le nom de Gabrielle Roy. Ça m'intrigue.

— Oui, c'est vrai. Alors voilà : après ma prestation, le père de la Survenance m'a invité à me joindre à sœur Léon et à lui, pour une limonade. La religieuse m'a semblé gentille et attentionnée. De fil en aiguille, elle s'est informée de mes études, de mes intérêts, de ma famille. Elle a sursauté lorsque, en réponse à sa question sur le lieu de mon domicile, j'ai marmonné :

« Pas très loin d'ici, sur une rue que vous connaissez sans doute pas. C'est une toute petite rue pas mal tranquille... son nom, c'est la rue Deschambault. »

— C'est quand même curieux que vous ayez été embarrassé de parler de votre rue, non?

— Je sais. J'aurais préféré l'impressionner en disant que j'habitais un endroit plus prestigieux, par exemple, la rue Langevin, la rue Aulneau, ou un autre endroit mieux coté de Saint-Boniface.

— Finalement, est-ce que sœur Léon connaissait la rue?

— Sa réaction ne s'est pas fait attendre. Elle a relevé le menton, puis elle a écarquillé les yeux: « Mais, mon cher garçon, nous aurions pu être voisins... À des époques différentes, bien sûr. » J'ai ainsi appris que, jeune fille, elle avait habité la maison de la voisine, celle qui étendait son linge sur la corde. Sœur Léon a levé les yeux vers le ciel. Elle a parsemé ses exclamations de « Mon Dieu! », de « Quelle coïncidence! », et voyait même là « un signe certain du destin »!

— C'est vrai que le monde est bien petit.

Le regard de Bernard s'illumine.

— La religieuse s'est tournée vers le père de la Survenance: « Vous n'auriez pas un exemplaire signé de son livre? Vous savez, je vous en ai donné quelques-uns. » Le prêtre s'est absenté de la pièce avant de revenir avec un livre qu'il a remis à sœur Léon-de-la-Croix. Celle-ci, l'air nostalgique, a feuilleté quelques pages avant de me le tendre: « Vous savez sans doute que ma sœur Gabrielle a écrit plusieurs livres. Ils ont été très bien reçus. Prenez celui-ci; il vous sera d'un grand intérêt. Vous verrez, Gabrielle y parle de *notre* petite rue Deschambault.» J'ai remercié sœur Léon en prenant le cadeau. Je lui ai retourné un sourire de sincère gratitude, même si je ne savais pas trop qui était cette Gabrielle ou qui pourraient bien être ces autres personnes qui avaient reçu son livre.

Bernard place les coudes sur ses genoux, comme un garçon perdu dans ses rêves. Il parle doucement :

– Après la limonade, j'ai pressé le pas pour me rendre sous le pont. Je tenais précieusement dans ma main le livre qui donnait de l'importance à ma petite rue.

– Alors, si on retournait vers la rue Deschambault ?

– Oui, ce sera sans doute la dernière fois pour moi.

– Du moins pour ce voyage-ci, n'est-ce pas ?

J'entraîne Bernard le long de l'avenue de la Cathédrale.

22

Bernard parle de la pluie et du beau temps – surtout du beau temps –, pendant que nous arpentons l'avenue de la Cathédrale.

– Cela me fait le plus grand bien de retrouver la chaleur sèche des Prairies. Elle ne nous accable pas.

– J'ai remarqué cette différence avec Montréal peu après mon déménagement ici.

– Et je peux imaginer Gabrielle Roy marchant sur ce même trottoir, alors qu'elle songeait à son avenir. Elle devait préparer son départ pour Montréal.

– Bernard, avouez que ça devait vous faire un petit velours d'être ainsi associé à cette grande dame de la littérature canadienne.

– À vrai dire, et je le dis en toute modestie, je n'en avais pas entendu parler, ou si peu, peut-être en passant.

– C'est surprenant, quand même…

– Oui et non. Vous savez, nul n'est prophète en son propre pays.

Bernard examine chaque côté de la rue, comme s'il captait cet espace avec un appareil photo. Je le laisse à ses silences. Nous tournons à droite sur la rue Des Meurons, puis à gauche sur la rue Deschambault. Bernard s'arrête.

— Où en étais-je donc?

— Vous veniez de quitter sœur Léon avec le livre de Gabrielle Roy. Vous vous rendiez vers le pont pour commencer à lire *Rue Deschambault*.

— Attendez un peu que je me souvienne... Voilà, j'y suis. Je me suis arrêté quelques instants, ici, devant la maison de mes parents, puis à côté, devant celle de Gabrielle Roy. J'ai regardé les deux maisons à tour de rôle. Je n'ai pas remarqué de changement depuis que j'avais appris l'identité de mon ancienne voisine: toiture, fenêtres et peinture étaient demeurées les mêmes. Mais je me suis surtout demandé ce que cette madame Roy avait bien pu trouver à écrire sur notre rue paisible. Il s'agissait d'un livre au complet, quand même, pas seulement d'un article de journal!

Bernard se tourne vers moi.

— Il faut comprendre que l'ordinaire était la norme, ici. On ne vivait que de quiétude, à tel point que le passage du facteur, monsieur Nicolas, offrait le moment le plus palpitant de la semaine. Il nous souriait et nous saluait de la main tout en *délivrant la malle*, comme nous disions alors. Monsieur Nicolas s'attardait de plus en plus souvent pour parler à maman. Celle-ci rougissait en écoutant le *postillon* lui parler doucement. Parfois, maman lui disait: «Juillet est chaud cette année, je vous ai apporté un verre de thé glacé pour vous rafraîchir.» M. Nicolas accrochait alors son gros sac de lettres aux planches de la clôture blanche. Il se rapprochait de maman. Celle-ci s'empressait alors de m'envoyer jouer au parc Provencher. À l'époque, j'étais intrigué et sans doute un peu gêné de les voir ensemble, mais aujourd'hui, je me dis que ça aurait été bien si maman avait pu s'offrir un peu de bon temps avec ce facteur.

Bernard s'interrompt.

— Bon, me voilà de nouveau perdu dans mes pensées.

— Vous marchiez vers la Seine. Tenez, si on y allait?

— Oui, bien sûr... Alors, rendu à la petite rivière, je me suis mis à feuilleter le livre que sœur Léon m'avait donné. J'ai commencé par lire le chapitre intitulé *L'Italienne*. Sœur Léon m'avait dit: «Ma petite sœur Gabrielle parle de la maison de tes parents.» Je voyais aux reflets dans ses yeux et au sourire dans sa voix que la religieuse vouait une admiration sans bornes à sa cadette.

Nous descendons vers la Seine. Bernard s'adosse à un muret de béton sous le pont en haut de la petite côte qui mène à la rivière. Je m'assois sur le muret près de lui.

— Regardez tout autour, rien n'a vraiment changé. On dirait que cet espace s'est figé dans le temps. Je pourrais m'y retrouver les yeux fermés, comme dans mon ancien quartier, d'ailleurs.

Comme s'il était redevenu un jeune garçon, mon ami ne se préoccupe plus de salir ses vêtements. Il se penche à gauche et s'affaire à arracher des plaques d'herbe et à creuser dans la terre.

— Vous auriez l'obligeance de me donner un petit coup de main?

Je l'aide à creuser en utilisant un vieux bout de planche. Nous découvrons enfin un coffre en métal partiellement rouillé. Bernard me demande de le sortir de terre. Mon ami est fébrile ; il lui faut plusieurs minutes pour ouvrir le coffre déjanté.

— C'est un vieux bidule de l'armée. Je l'ai pris de l'atelier de mon père.

Une fois le couvercle soulevé, nous découvrons, sous la poussière des années, des livres, des carnets, des cahiers, des crayons.

— C'est ici que je cachais mes secrets.

Il observe une photo jaunie de sa mère, l'essuie et la place soigneusement dans une poche de son veston. Il soulève des carnets, puis choisit un livre.

— Voici le livre que sœur Léon-de-la-Croix m'a si fièrement confié, *Rue Deschambault*, en édition originale. Il est dédicacé de la main de l'auteure.

Comme pour prouver la véracité de son propos, il montre du doigt la date de parution : 1955.

— Je ne voyais pas comment ni pourquoi je devais tirer quelque gloriole d'être né à l'ombre de la maison de cette écrivaine. Ça ne pouvait être qu'un accident de la nature ; nos origines nous avaient menés au même endroit, sans plus. Mais il en était tout autrement pour le révérend père Thibaud de la Survenance, qui n'entendait pas laisser les choses sommeiller ainsi : *Quæ sunt Cæsaris Cæsari*, qui voulait dire, si j'avais bien compris, qu'il fallait remercier Mme Roy d'éclairer le collège de ses lumières littéraires.

— C'est donc ici que vous avez entrepris la lecture de *Rue Deschambault*.

— J'étais ici dans mon havre de paix. J'ai lu des passages au hasard. Je me suis finalement arrêté au chapitre que sœur Léon m'avait indiqué, celui intitulé

L'Italienne. La religieuse avait pris mes mains dans les siennes et m'avait regardé droit dans les yeux : « C'est l'histoire d'un monsieur venu d'Italie pour construire la maison dans laquelle tu habites. Il a ensuite fait venir sa femme pour vivre avec lui. » Sœur Léon m'avait serré les mains de plus en plus fort. Elle m'avait imploré d'un regard brûlant : « Commence par lire ce chapitre, ensuite tu reviendras me voir, nous pourrons en parler. »

— Vous deviez être pas mal impressionné.

— En fait, le grand garçon que j'étais a été vivement déçu par ce qu'il lisait. Je n'y trouvais aucune action trépidante, aucun dénouement spectaculaire. C'était à mille lieues des aventures frénétiques du *Comte de Monte Cristo* et des autres grands personnages qui peuplent la littérature. Je me suis exclamé à l'intention de mes castors : « *Oh boy, oh boy, oh boy*, les gars, ça va être long, cette affaire-là ! »

— Si vous me permettez, je n'ai jamais lu cette histoire. Vous pourriez la résumer pour moi ?

Mon ami ouvre le livre, consulte quelques pages.

— Voyons voir, que je retrouve le chapitre. Bon. Au premier paragraphe, il est question d'une espèce de potiche bleue à deux anses et à long goulot qu'une jeune fille échappe en l'époussetant. C'était ça, le cœur de l'intrigue. Imaginez donc ! J'ai bien failli m'arrêter ici, sauf que je me suis souvenu qu'il faudrait que j'en discute avec sœur Léon. La fille s'appelait Christine. Mais j'ai vite compris que Christine, en réalité, c'était Gabrielle Roy. Elle habitait une grande maison avec ses parents. Ceux-ci craignaient qu'on construise à côté un gros édifice qui dominerait leur maison. Un jour, un certain Giuseppe Sariano a commencé à ériger une modeste maison. Le père de Christine était soulagé. Il s'est réjoui que le nouveau voisin ne prive pas la famille Roy des rayons du soleil. M. Sariano a ensuite fait venir sa femme d'Italie. C'était une femme toute menue à l'image de la coquette maison qu'il avait construite. De fil en aiguille, nous apprenons que les voisins s'entendent à merveille. Puis, un jour, Giuseppe est foudroyé par l'apoplexie. L'Italienne décide de retourner à Milan enterrer son mari sous le chaud soleil d'Italie. Elle veut laisser un souvenir à la maman de Christine. Elle lui donne la potiche bleue, qui... attendez, je vérifie. Voici, j'ai trouvé : qui « vous parlera de moi-même, de feu mon mari ». Voilà donc la trame. Vous comprendrez que je n'étais pas animé d'un engouement démesuré, mais j'ai lu et relu ces pages. Je les ai aussi annotées, avant de retourner voir sœur Léon. Voyez, j'ai souligné, j'ai écrit dans les marges. C'est aussi à cette occasion que j'ai commencé à rédiger des notes de toutes sortes dans des carnets.

Bernard retire des documents du coffre. Il me montre ce qu'il a écrit.

– C'est ainsi que je me suis graduellement plongé dans le domaine de la littérature. Je n'étais pas très emballé au départ, mais je me suis lentement laissé caresser, comme sur une vague douce du lac Winnipeg, par les descriptions précises, par le style souple et dépouillé de cette voisine inconnue qu'était Gabrielle Roy. Certains passages m'ont interpellé. Vous permettez que j'en cite quelques-uns ?

— Je vous en prie.

Mon ami tourne les pages écornées et marbrées de poussière.

— Ici, la description de la maison de mes parents :

> Il s'agissait en fait d'un humble et gentil bungalow en bois, sans étage...

— J'avais entendu maman se plaindre que nous étions à l'étroit dans ce qu'elle appelait « notre petite bicoque primaire ». Pour ma part, après avoir lu ce livre, jamais plus je ne considérerais ma petite maison de la même façon.

Bernard sourit.

— Cet autre passage a attiré mon attention :

> Maman se tenait derrière un rideau qu'elle soulevait un peu pour mieux les voir s'embrasser. Puis elle laissait tomber le rideau et elle disait avec bonheur, avec envie :
> — Comme il l'aime !
> Et parfois elle ajoutait :
> La plus belle couronne d'une femme, c'est d'être aimée. Il n'y a rien, ni topaze, ni diamant, ni améthyste, ni émeraude, ni rubis, pour mieux embellir une femme !

— J'ai lu cet extrait plusieurs fois. J'y voyais ma maman soucieuse de ne pas avoir connu le véritable amour. Elle se sentait enfermée jusqu'à la pénombre du cercueil avec cet homme qu'elle n'avait jamais désiré et qui n'avait jamais été digne de son amour.

Bernard m'offre un regard empreint de tristesse.

— Vous savez, Marjolaine, maman n'a connu ni la féerie des envolées amoureuses ni la coquetterie des pierres précieuses. Comme la maman de la petite Christine.

Le chant des grenouilles s'élève autour de nous en ce début d'été.

— J'ai tout lu, noté, souligné, transposé dans mon cahier d'écolier. Je répétais à voix haute – sous le regard amusé de mes amis les castors – les phrases qui me paraissaient les plus harmonieuses. Je me suis donc présenté devant sœur Léon, mes notes sous le bras. J'ai calmement étalé mes documents sur un pupitre devant moi. Je me suis tenu le dos bien droit. Puis, sans plus attendre, j'ai commencé mon résumé, qui prenait des allures de réquisitoire. Je me penchais pour tourner les pages, mais je n'avais pas à les consulter tellement je savais ce que j'allais dire. Après quelques minutes, la religieuse s'est mise à me regarder d'une façon étrange. Puis, l'air ébahi, elle s'est exclamée, comme si elle parlait à quelqu'un d'autre : « Mais le petit, il a étudié le livre au complet, alors que je lui avais demandé de n'en lire qu'un seul chapitre. » Je n'ai mentionné qu'en passant la maison des Italiens. J'ai plutôt fait porter mon propos sur le chapitre suivant, où il est question de voix qui proviennent de l'étang, mais où, en réalité, l'auteure traite d'écriture. Je citais des extraits, ceux dans lesquelles Gabrielle Roy décrit les exigences du don de l'écriture. Elle appelait ça « un commandement ». Je devais passer pour un illuminé alors que, tout en parlant, je tournais les pages. Je citais de mémoire des passages entiers. Un passage m'a particulièrement marqué. Il y était question de sa maman. Je me souviens de chaque mot. Écoutez bien :

> C'était pourtant sa faute si j'aimais mieux la fiction que les jours quotidiens. Elle m'avait enseigné le pouvoir des images,

la merveille de la chose révélée par un mot juste et tout l'amour que peut contenir une simple et belle phrase.

Les paroles de Bernard sont prononcées sur le ton de la confidence.

– J'ai vu, dans ces paroles, l'image de toutes les personnes qui, depuis ma plus tendre enfance, m'avaient initié à la beauté de la langue. Les visages de maman, de sœur Marie-des-Oliviers, de la dame juive, du père de la Survenance, de sœur Léon-de-la-Croix défilaient en filigrane. Les mots simples de ce livre à l'apparence anodine confirmaient que je ne perdais pas mon temps à nourrir mes besoins d'évasion.

– J'imagine que sœur Léon a été impressionnée.

– En fait, je crois qu'elle ne savait pas trop quoi dire. D'une voix que nul n'aurait osé contredire, j'ai déclaré: «Voilà ce que j'ai appris de Gabrielle Roy: un jour j'aurai quelque chose à dire. Je ne sais pas encore ce que c'est, mais entre-temps, je dois me préparer. Je dois maîtriser l'art des mots, mais surtout celui de la pensée.» En regardant droit devant, j'ai marqué une longue pause, comme au théâtre, pour accentuer l'importance de ce que je venais de dire.

Le père de la Survenance est accouru en s'exclamant que j'atteignais de nouveaux sommets: «*Alea jacta est!*» Sœur Léon-de-la-Croix a souri. Elle a placé un doigt sur ses lèvres tout en murmurant «Chut». Le moment était solennel. J'ai rassemblé mes effets et, tout en contenant à peine ma fierté, j'ai salué mes enseignants. Alors que je quittais la pièce, sœur Léon-de-la-Croix a dit d'une voix feutrée que j'avais déjà compris cette vérité: «Les choses les plus simples de notre vie quotidienne donnent naissance aux plus grandes merveilles de notre existence terrestre. » On ne m'a pas ordonné de retourner en classe lorsque, d'un pas décidé, je suis sorti par la grande porte du collège et que je me suis dirigé vers l'avenue de la Cathédrale.

– Vous deviez avoir l'air bien fier.

– J'avais surtout compris ce que je voulais faire de ma vie ; je m'affairerais dorénavant à y parvenir. Après Gabrielle Roy, il me faudrait trouver d'autres sherpas pour guider mes pas au travers des sentiers tortueux de la connaissance.

Bernard et moi partageons un long moment de silence. Puis, le lourd roulement d'un train nous tire de notre quiétude. Bernard se penche pour sortir quelques livres du coffre.

– Vous auriez la gentillesse de m'aider à enterrer le coffre ? Dans quelques milliers d'années, un archéologue pourra tenter de déchiffrer les mystères de notre existence.

Je m'exécute, puis nous descendons le long de la Seine et empruntons le petit sentier pédestre en terre battue. Je note, d'après un panneau, qu'il s'agit du sentier Gabrielle-Roy.

23

Le train est vite passé, il ne comptait que quelques wagons. La nature a retrouvé sa quiétude autour de nous. Le vent imprime des vrilles aux feuilles dans les arbres. Des oiseaux sillonnent les contours sinueux de la petite rivière Seine pendant que les castors s'affairent autour de leur hutte. Nous marchons lentement. Bernard parle d'une voix douce et basse.

– Au cours des mois suivants, j'ai passé davantage de temps à la bibliothèque publique qu'en classe. Je cherchais, presque éperdument, d'autres auteurs de qui apprendre les secrets de la pensée et de l'écriture. Je parcourais les rayons de la salle. Je m'arrêtais à ma gauche, à ma droite. Je prenais un livre, je lisais le titre. Si la couverture suscitait mon intérêt, je lisais les premiers et derniers chapitres, ensuite quelques pages choisies au hasard. Un jour, j'ai remarqué la photo d'un écrivain. Une cigarette pendait de son bec. Il avait les cheveux gommés, les yeux foncés. On aurait dit une photo de mon père. J'avais entendu dire que ce grand auteur était porté sur la bouteille, comme lui.

— Peut-être que c'était encore une fois le fruit de votre imagination.

— Sauf qu'il y avait d'autres coïncidences. Cet André Malraux avait le même regard sombre que mon père. J'y ai vu un signe du destin. J'ai aussi senti qu'il y avait quelque chose de prémonitoire dans le titre de son livre, *La voie royale*. J'ai cru que ce livre pourrait me mener au-delà de ma petite rue Deschambault.

— Il faut dire qu'on entre dans la grande littérature, avec Malraux.

— Oh! J'y arrivais déjà avec madame Roy. Disons plutôt que je poursuivais le même parcours, mais que j'élargissais mes horizons. Je me suis nourri de la force des mots et des aventures dans les jungles de l'Asie du Sud-Est. Je ne me suis pas laissé déprimer par le thème de la mort inéluctable dans les forêts sombres et ruisselantes où tout pourrit. Au contraire, j'ai imaginé un déploiement de chemins de fer à travers la jungle moite et touffue. J'y voyais même transposée l'image des trains qui traversaient en sifflant les vastes plaines du Canada.

Bernard regarde le pont qui chevauche la petite rivière de son enfance.

— Avez-vous vu la vieille locomotive au musée de la gare de Winnipeg?

Je ne l'avais pas remarquée. Je ne m'étais pas aventurée plus loin que le grand hall. J'étais trop préoccupée par son arrivée imminente.

— C'est la locomotive du tout premier train qui a roulé dans les Prairies, la *Countess of Dufferin*. Elle est arrivée à Saint-Boniface en 1877. Le train à vapeur roulait à peine à quarante kilomètres à l'heure. Saviez-vous qu'il devait s'arrêter pour laisser passer des troupeaux de bisons? Imaginez le temps que ça prenait pour traverser les Prairies jusqu'aux Rocheuses!

— Je pense que j'ai vu ça dans un film, sans doute un documentaire de l'ONF ou quelque chose comme ça. Mais si je comprends bien, vous avez fait le lien entre ce que vous lisiez dans le livre de Malraux et votre propre vie?

— Oui, bien sûr. En lisant *La voie royale*, je me suis souvenu des histoires que mon père racontait sans arrêt. Il aimait parler des premiers Blancs à s'être rendus dans les Prairies. Il décrivait les canots d'écorce, les chevaux, les charrettes de la rivière Rouge, les abris précaires, les longs hivers. Plus tard, alors que Wilfrid Laurier était premier ministre, des milliers d'immigrants sont arrivés ici par train.

— Comme votre grand-papa Auguste, n'est-ce pas?

Je pose la main sur l'épaule de mon ami. Je lui souris.

— Allez, j'aimerais écouter la suite de votre histoire. Vous étiez à la bibliothèque...

— Oui, c'est bien ça. Lorsque j'ai eu épuisé l'humble répertoire des livres de Malraux que notre petite bibliothèque comptait, j'ai dû partir à la recherche de nouveaux maîtres à penser. C'est finalement le nom et la photo d'un auteur, puis le titre de son roman qui ont attiré mon attention. L'homme avait le front dégarni, la barbe hirsute et un regard profond qui semblait m'interroger. Le livre avait pour titre *Les frères Karamazov*...

— ...dont vous avez donné les prénoms aux castors, dis-je en souriant.

— C'est bien ça. Et l'auteur portait un nom russe compliqué...

— ...qui a plus tard intrigué la jeune Autochtone de Fort Alexander !

— Oui, oui, celle du *French kiss* raté... De toute évidence, ma chère Marjolaine, vous écoutez attentivement. Je vous en suis reconnaissant. Le titre du livre m'a semblé tout aussi intrigant que le nom de l'auteur m'était étranger. J'ai passé plusieurs journées ici à lire et à relire ce livre. J'encerclais des mots pour ensuite vérifier leur définition auprès de mon fidèle ami, *Le Petit Larousse illustré*. Je soulignais des passages qui me semblaient importants. Je les copiais ensuite dans un carnet en les divisant en catégories : amour, haine, argent... En lisant Dostoïevski, j'ai souri à la description qu'il faisait du père comme étant « un petit hobereau inepte ». Voici une de mes entrées :

> Quant à l'amour, il n'en était question ni d'un côté ni de l'autre, malgré la beauté de la jeune fille.

— Ma foi, c'est comme si Dostoïevski décrivait la relation conjugale de vos parents !

— Oui, tellement, tellement. J'ai d'ailleurs noté que ce Russe devait passer ses soirées à nous écornifler par les fenêtres de notre maison. Un autre passage m'a tout particulièrement marqué.

Nous nous arrêtons au bord de la Seine. Bernard tourne les pages du roman de Dostoïevski.

— Voici, je vous cite ce court extrait :

> Par une nuit d'orage, elle se précipita du haut d'une falaise dans une rivière rapide et profonde, et périt victime de son imagination, uniquement pour ressembler à l'Ophélie de Shakespeare.

— C'est une image forte.

— Ce n'est pas tout :

> Si cette falaise, qu'elle affectionnait particulièrement, eût été moins pittoresque ou remplacée par une rive plate et prosaïque, elle ne se serait sans doute point suicidée.

Bernard me regarde d'un air satisfait.
— N'est-ce pas merveilleux comme texte ?
Il se tourne vers la rivière.
— Écoutez bien. J'étais ici, assis sur cette minuscule côte qui glisse en pente douce vers une toute petite rivière alors que je lisais ces mots à portée théâtrale.
Il pointe vers la Seine.
— Regardez ce cours d'eau. Il m'a semblé bien humble pour qu'une Ophélie choisisse de s'y noyer. J'ai compris que je devais aller ailleurs pour exprimer d'aussi vives émotions que Dostoïevski. Il me fallait trouver un panorama plus vaste. Je devais découvrir les merveilles de la vie. Les trains sonnaient l'appel du large. Je ne savais pas encore où, peut-être même dans une Russie imaginaire, j'irais assouvir ma soif de connaissance. Mais avant de m'évader, il fallait que j'en apprenne plus sur ce Shakespeare.
— C'est donc comme ça que vous vous êtes ouvert à la littérature de langue anglaise ?
— En fait, au début, grâce à la dame juive. Plus tard, par mes lectures. Il y a eu *Hamlet* et son Ophélie. J'adorais leur langue aussi savoureuse que surannée. Rendu là, j'ai dû épargner mes sous pour acheter un dictionnaire anglais. C'était un bon *Oxford*, rien de moins ! Enfermé dans ma bulle en marchant dans la rue, je déclamais les sonnets de Shakespeare avec la

même ardeur et la même application que je l'avais fait avec les exercices d'élocution de sœur Léon.

Un autre train passe bruyamment au-dessus de nos têtes. Bernard regarde vers le soleil.

— C'est le train de fin d'après-midi.
— Si on retournait tranquillement vers votre auberge? Mon ami salue les castors de la main.
— Ils ne me reconnaissent plus. Tout ça, c'est du passé, il faut croire.

Bernard s'assure de balayer la terre sur ses vêtements, puis il passe un bras dans mon coude. Nous remontons la petite pente jusqu'à la rue Deschambault.

— Mon intérêt s'est ensuite tourné vers les grands auteurs américains de l'époque, ceux dont la dame juive m'avait révélé l'existence: Faulkner, Hemingway, Steinbeck, London, Tennessee Williams, Styron.
— Lorsqu'on s'est connu, vous me parliez beaucoup des auteurs américains.
— C'est que je me reconnaissais davantage dans ceux-ci. Ils me semblaient plus pertinents, plus réels, moins prétentieux que les romanciers français.
— Sauf Albert Camus! Vous l'admiriez beaucoup.
— Oui, à cause de son style simple et de sa pensée, qui tranchaient avec mon milieu. Ses écrits m'ont rapidement attiré. J'aurais aussi voulu avoir l'allure de son personnage énigmatique de Meursault.
— Vous savez, Bernard, je pense que vous y êtes parvenu.
— Possiblement, mais peut-être que j'ai seulement réussi à donner l'impression d'être au-dessus de la mêlée. Sous la surface, il y avait des zones de turbulence.

— Je vous laisse résoudre cette énigme. Est-ce que ça ne fait pas partie de votre introspection ?

— Vous avez raison, vous ne pouvez que m'accompagner. C'est à moi de creuser au fond de mon âme.

D'un sourire, il me remercie d'être à ses côtés.

— Bon, il y a aussi eu Giono et, plus tard, les poètes maudits : Verlaine, Rimbaud, Baudelaire.

— On ne devait pas trop insister sur ces auteurs au collège...

— Le révérend père de la Survenance était aux aguets. Il a vu une forme d'apostasie de ma part. Quand il s'est rendu compte de mes lectures, il m'a jeté un regard sombre et ténébreux, m'a rappelé que les auteurs français catholiques – Mauriac, Bernanos – étaient à l'étude, qu'il nous fallait décortiquer la lutte morale entre le Bien et le Mal, qu'il fallait se méfier de la dérive des temps modernes, qui s'abattaient sur nous. Le titre *Journal d'un curé de campagne* a suscité chez moi tout autant d'enthousiasme que l'avait fait la potiche bleue de Gabrielle Roy. J'ai à nouveau grommelé à l'intention de mes castors : « *Oh boy, oh boy, oh boy*, les gars, ça va être long cette affaire-là ! », sauf que, celui-là, Bernanos, je ne l'ai pas lu. Un rapide coup d'œil au résumé de la quatrième de couverture m'a vite convaincu que je m'ennuierais éperdument.

— On ne vous enseignait pas la littérature anglaise au collège ?

— Bien sûr, mais j'étais déjà rendu ailleurs. Mes intérêts se trouvaient au-delà des murs du collège. Je venais de découvrir Jack Kerouac. Je me suis hasardé à emporter *On the Road* au collège – sous le manteau, je dois préciser. Ce livre était déjà un objet de culte. J'ai senti que Kerouac voulait me parler. Puis j'ai lu *The Town and The City*. Ces livres m'ont fait comprendre que je n'étais pas seul à me sentir isolé dans un milieu renfermé sur lui-même. Kerouac me montrait la voie à suivre pour sortir de ma petite rue qui débouchait sur une impasse.

– Mais à vous écouter, Bernard, j'ai plutôt l'impression que le chemin de fer au bout de la rue Deschambault était une porte ouverte sur l'univers.

Bernard se retourne pour regarder le petit pont que nous venons de quitter.

– À bien y penser, vous avez peut-être raison... Bref, au collège, depuis que j'étais connu sous le vocable du «voisin de Gabrielle Roy», on ne m'a plus reproché mon manque d'attention.

– Vous êtes rentré dans le rang?

– En fait, je dirais que c'est tout le contraire.

– Est-ce que vous faisiez semblant de vous conformer?

– On pourrait dire ça, pour un temps du moins, mais ça n'a pas duré. À la surprise générale, avant même d'avoir terminé mon cours classique, j'ai commis l'affront de me laisser pousser les cheveux et la barbe. En troquant le conformisme d'une ville de province pour la révolte des Bukowski, Ginsberg et Ferlinghetti, je crois bien que je suis devenu le premier *beatnik* de Saint-Boniface...

– ...et sans doute le seul!

– Probablement. Mes années de collège semblaient vouloir s'éterniser. J'ai décidé de devenir maître de ma destinée. J'ai fait faux bond au collège.

— Vous avez décroché?
— C'est que d'autres cieux m'appelaient. Un soir de printemps, au souper, j'ai à peine élevé la voix pour annoncer mon départ à mes parents: «Cet été, je déménage à Montréal.» Ma voix, bien que basse, était ferme et sans appel.
— Vos parents ont dû être surpris!
— Maman a fixé le fond de son assiette. Du coin de l'œil, j'ai vu sa fourchette s'arrêter devant sa bouche.
— Et votre père, lui?
— Mon père? Il a laissé tomber son couteau bruyamment. Il a marmonné d'un air exagéré quelque chose comme: «Après tous les sacrifices que j'ai faits pour le faire entrer chez les Jésuites... Avoir su, y aurait appris un métier pratique, au lieu d'user son fond de culotte sur les bancs d'école à baragouiner du latin, bâtard, une maudite langue morte! Pfft! La grosse instruction, c'est bon rien qu'à faire des pousseux de crayons qui s'cachent dans l'fin fond de leur *office*. C'est juste des bons à faire rien.» J'affichais un petit sourire en écoutant mon père. Mais il n'avait pas fini. Je l'entends encore dire: «En tout cas, c'est pas mal payant électricien ou plombier, et puis, tu sais, y a pas de honte à être ouvrier. Moi, j'en sais quelque chose.» Il se vantait d'être le symbole de la réussite prolétarienne. Pour lui, ce n'était pas rien, et il nous le faisait savoir. Dans sa jeunesse, il avait survécu au krach boursier de 1929: «Moi, j'ai sauté les trains pour aller travailler dans les *campes* de bûcherons jusqu'en Ontario, passé Sioux Narrows et Rainy River», nous rabâchait-il. Il répétait que c'était un fait marquant dont nous devrions tous

nous inspirer. Le jour de l'annonce de mon déménagement, j'ai levé la tête, j'ai offert un petit air innocent à mon père, qui voulait dire : « On sait bien que ma scolarité est payée par la dame juive », mais je suis demeuré muet. Mon silence était plus accablant que les paroles. Après un moment, mon père a ajouté : « Bon, si c'est ça que tu veux, le gars, tu peux t'en aller, mais t'es pas obligé de revenir ben vite. » Je lui ai retourné un sourire béat en passant la main dans ma longue chevelure.

— Votre mère devait être dévastée...

— Maman était inquiète. Elle m'a seulement demandé si j'y avais bien réfléchi. Elle m'a presque imploré : « N'oublie pas de nous écrire. » Aujourd'hui, je ne peux que deviner le désarroi de maman de voir son adolescent quitter la petite bourgade bucolique pour la turbulence du Quartier latin de Montréal. À ses yeux, Marjolaine, j'étais encore son petit garçon, d'autant plus qu'elle n'avait pas eu d'autre enfant. Maman sentait le besoin de me protéger contre des dangers qu'elle ne pouvait même pas imaginer. Mais à tout dire, je ne comprenais pas encore que je basculais inéluctablement vers la clameur de ma vie d'adulte.

Nous arrivons devant l'auberge.

— Et voilà que demain vous retournez à Montréal. Déjà.

— Oui, déjà. Pour le moment, du moins. La suite des choses reste à voir.

Le regard de mon ami s'est posé derrière moi, sur un point invisible au-delà du parc Provencher.

— Bernard, votre train quitte Winnipeg à neuf heures trente. Je vais passer vous prendre ici demain matin, vers huit heures.

Bernard ne répond pas. Je lui fais la bise. Sa joue frémit, sa main aussi. Ses yeux sont brumeux. Il est toujours face à moi sur le trottoir alors que je fais démarrer mon auto pour retourner chez moi. Je le salue de la main, mais il est perdu dans ses pensées.

24

Ce matin, je porte une attention toute particulière à ma tenue vestimentaire. J'arrête mon choix sur une robe soleil qui saura plaire à Bernard. J'enroule le carré Hermès autour de mon cou. Lorsque je passe le prendre à son auberge, Bernard siffle en m'examinant de la tête aux pieds.

– Vous gardiez le meilleur pour la fin, petite coquine!

Je fais une pirouette. Il me tend un bouquet de fleurs, puis une boîte carrée.

– Un petit quelque chose pour votre fils, je ne voudrais pas qu'il soit en reste.

– La prochaine fois, je vais vous inviter à souper. Vous verrez, William est tout à fait adorable.

– Comme sa mère.

Bernard ouvre les bras.

– Venez, sans arrière-pensée…

Nous nous avançons l'un vers l'autre et nous enlaçons. Après quelques instants, il veut se retirer.

– Ne nous épanchons pas.

J'insiste:

— Encore un peu.

Nous échangeons des sourires complices en nous tenant par la main. Je mets doucement fin au moment de tendresse en disant :

— Allez, je vous reconduis à la gare.

Je me surprends à chantonner un air romantique en plaçant la valise de Bernard dans le coffre de ma voiture. C'est un air qu'il murmurait lorsque nous nous sommes connus. Il m'accompagne dans une parfaite imitation de Jean Gabin :

— Le jour où quelqu'un vous aime, il fait très beau.

Une fois assis sur le siège passager, mon ami redevient sérieux. Il réfléchit à voix haute.

— Me voilà déjà arrivé à la fin de ce séjour.

Il ne faut pas plus d'un quart d'heure pour se rendre à la gare de Winnipeg. Avant de quitter Saint-Boniface, mon ami me demande d'arrêter au cimetière devant la cathédrale. Il veut se recueillir sur la tombe de Louis Riel.

— Croyez-vous qu'un jour, moi aussi, je parviendrai à trouver un endroit où me reposer ?

— Ne m'avez-vous pas déjà dit que vous seriez inhumé dans le caveau familial de votre épouse, au cimetière Notre-Dame-des-Neiges, à Montréal ?

Bernard m'offre un air plus empreint de résignation que de dépit.

— Oh, elle ! C'est si loin… elle, moi, Montréal, tout ça… C'est loin, très loin… comme dans une autre vie. Je ne sais pas si, même dans la mort, je voudrais être étendu aux côtés de cette personne que j'ai, dans la vie, trop côtoyée… Je n'ai que de vagues souvenirs, et il me semble que je l'ai si peu connue. Finalement, elle est bien, là où elle se trouve, en compagnie des siens.

Il pose une main sur la stèle en granit rose du patriote métis.

— Ce bougre de Riel a roulé sa bosse à travers les plaines du Manitoba et de la Saskatchewan, dans le Dakota américain, et jusqu'à Montréal. Il a quand même trouvé ici, chez lui, un refuge familier où revenir déposer ses vieux os fatigués.

Bernard se tourne vers moi, pose la main sur mon épaule.

— J'aurais tellement voulu pouvoir vous dire tout ce...

Il hésite, retire sa main. Il se tait, puis me fait signe de la tête.

— Allons, ma route m'attend.

25

Nous rejoignons la file devant le guichet de la billetterie. Bernard balaie le plafond, les murs, les planchers de la grande gare d'un lent regard qui englobe tout. Sa voix est empreinte de nostalgie.

– Nous avons attendu plusieurs minutes ici, quand j'ai décidé de partir, adolescent. Comme aujourd'hui, le grand hall de marbre bourdonnait d'activité. Les files d'attente étaient longues et bruyantes de passagers impatients. Maman, mon père et moi nous faisions bousculer, alors que nous avancions à pas de tortue, gênés de part et d'autre par la cohue et les bagages. Nous ne savions pas trop où poser le regard, où mettre nos mains. Nous n'avions jamais voyagé en train. En fait, nous n'étions jamais sortis de notre province. Pour mon père, la plage Albert, c'était déjà bien assez loin…

– …sauf dans ses rêves.

– Oui, et pour maman, c'était beaucoup trop près.

Bernard et moi avançons lentement dans cette fourmilière d'individus plus pressés les uns que les autres.

— Mon père se tenait derrière nous. Il a insisté pour porter le vieux sac de l'armée qui renfermait toutes mes possessions : quelques vêtements, beaucoup de livres. Ça m'a surpris qu'il décide de se rendre utile à quelque chose, mais je n'ai rien dit.

— Ça n'aurait sans doute rien donné.

— C'est vrai, les récriminations auraient été futiles... surtout que je connaissais les appréhensions de maman devant notre imminente séparation. Je me suis donc gardé d'afficher trop ouvertement ma joie devant cette nouvelle vie qui s'offrait à moi.

— Vous deviez tout de même être pas mal excité.

— Et comment! Arrivé au guichet, je n'ai pas pu me retenir de proclamer haut et fort ma destination : « *One-way ticket to Mont-ré-al!* » Je me suis efforcé de prononcer ça à la française, avec l'accent pointu des Parisiens. Je devais tout de même me préparer à ma nouvelle vie, et pas n'importe où : dans la métropole francophone d'Amérique.

Mon ami marque une pause.

— Vous savez, à cette époque, nous considérions le Québec comme notre nouvelle Jérusalem.

— La mère patrie de tous les Canadiens français... Il faut dire que les choses ont changé depuis.

— Pour citer le père de la Survenance, *o tempore o mores*.

— Autrement dit, c'est ça qui est ça.

Après un moment de réflexion, Bernard observe la foule.

— Je me souviens comment le chef de gare s'activait à faire avancer les passagers. On aurait dit un berger faisant rentrer son troupeau pour la nuit... mais avec un peu moins d'égards.

— Votre départ a dû être un moment bien sérieux, presque solennel.

— En effet. Un long voyage est toujours une chance unique.

— Mais c'est aussi un moment de séparation.

— Et une occasion d'émerveillement, de découverte.

— C'est bien ça, la chance d'un renouveau.

— Et la promesse d'un retour, même si ce n'est que plusieurs années plus tard.

La préposée au guichet de la billetterie est efficace et polie. J'insiste pour payer le billet.

— C'est ma façon de vous remercier d'être venu.

Bernard secoue la tête en souriant. Il hésite, puis se rapproche de moi. Je place mon bras autour de son épaule, le guide vers le quai des trains. Il reprend son récit.

— Je me souviens de la date de mon départ. C'était le 22 juillet 1969. La veille, l'équipage d'Apollo 11 s'était posé sur la lune. Cet exploit était sur toutes les lèvres. Les voix s'entremêlaient dans une sourde cacophonie. Les étrangers engageaient la conversation par des : « C'est quand même incroyable ! » « Y a pas de limite au génie de l'homme. » Certains faisaient des prédictions comme : « T'as bien raison, d'ici dix ans, on va aller en vacances sur Mars. » Certains vantaient le fait qu'heureusement, on était arrivé là avant les Russes. Et on entendait dire que « Ouais, les communistes, il faut se méfier d'eux autres. » Il y avait des gens qui ne croyaient pas aux images qu'ils avaient vues à la télévision : « C'est une invention d'Hollywood », disaient-ils. Et que « Si le bon Dieu avait voulu qu'on soit sur la Lune, il nous aurait placés là. » Mon père n'a pas voulu être en reste. Il est sorti de son mutisme et a brisé nos longs silences embarrassés. Il a voulu détendre l'atmosphère en reprenant à son compte les paroles de l'astronaute Neil Armstrong: «En tout cas, le gars, avec ton voyage, là, on peut pas dire que tu fais un pas de géant pour l'humanité. Ha, ha, ha!» Mais son mot est tombé à plat. Je n'ai pas réagi; maman non plus. Mon père s'est avancé vers moi pour me donner l'accolade. Je n'ai pas bougé, lui a hésité puis s'est ravisé et m'a tendu une main raide: «Bon chemin, le fils.» Je ne comprenais pas pourquoi il me scrutait d'un air complice en clignant de l'œil. On aurait dit qu'il voulait partager un secret. Il m'a serré la main très fort, d'une ardeur que je ne lui connaissais pas. Lorsqu'il a retiré sa main, j'ai senti quelque chose dans le creux de ma paume. J'ai discrètement dirigé les yeux vers ma main entrouverte. J'y ai vu des billets – des billets de vingt dollars. Il y en avait quatre ou cinq. Comprenez, Marjolaine, que c'était une somme appréciable, pour l'époque mais surtout pour notre condition sociale.

– Pourquoi votre père est soudainement devenu si généreux?

– Il devait peut-être s'attendre à quelque signe de reconnaissance. Que je dise: «Il fallait pas, c'était pas nécessaire.» Il aurait alors pu paraître magnanime: «Voyons, mon gars, avale le *cash*, y en a d'autre d'où que ça vient.»

– Mais c'était peut-être la seule façon que votre père avait trouvé de vous dire qu'il vous aimait. Vous ne croyez pas?

– Peut-être, je ne sais pas... À l'époque, dans mon regard d'adolescent, j'ai vu dans son geste une façon détournée de racheter ses années de négligence, une basse manœuvre pour gagner mon affection. Je n'y ai vu que grossièreté. Je ne voulais pas de cette réconciliation de dernière minute. Cette entente serait venue perturber la relation familiale tendue que nous nous étions efforcés de maintenir depuis mon enfance. J'ai regardé mon père. Je voulais le défier une dernière fois. Je l'ai dévisagé pendant un long moment. Puis, j'ai laissé tomber les bouts de papier un à un. Les billets de banque ont été emportés par le vent. Ils se sont faufilés entre les pieds des passagers et sont tombés plus bas, entre les rails, sous un train. Mon père a baissé la tête, rentré les épaules et s'est retourné vers la sortie. J'y ai vu la confirmation de sa médiocrité. Il battait une nouvelle fois en retraite. Comme toujours, il abdiquait devant la vie.

— Mais peut-être que votre père se voyait à votre place ?

— C'est possible. Il s'est peut-être vu lui-même en tout jeune homme partant à l'aventure vers les Rocheuses, lui qui, de toute sa vie, n'avait voyagé que par procuration. Il décrivait dans leurs moindres détails tous ces lieux qu'il avait visités en esprit, toutes ces personnes qu'il avait rencontrées dans ses lectures…

— …et sans doute aussi dans ses conversations avec Big Pat et Crunch Cormier.

— Oui, les mousquetaires.

Un train quitte la gare dans un lourd fracas de métal. Des passagers se dirigent vers les wagons d'un autre convoi.

— Il faisait soleil, les rires fusaient de toutes parts autour de nous. Pourtant, en revoyant cette scène, on dirait un vieux film en noir et blanc, aux teintes sépia. Un film de la Deuxième Guerre mondiale, sur un quai brumeux de Paris ou de Berlin, projeté au ralenti.

— Allons, Bernard, est-ce que vous deviendriez mélancolique ?

— J'étais jeune, et surtout insouciant. Je recherchais de nouveaux horizons, alors que mon père était la feuille morte tombée de l'arbre à l'automne. Cet argent qu'il voulait me donner aurait évoqué un lien avec le passé que je devais larguer pour découvrir l'avenir qui m'offrait tous les espoirs, et des possibilités que je ne pouvais pas imaginer.

— Et votre mère, quelle a été sa réaction ?

— Maman est demeurée silencieuse, figée comme une statue de sel. Elle me couvait d'un regard empreint de tendresse et imperceptiblement teinté de reproche. Elle semblait vouloir dire : « Tu n'aurais pas dû faire ça à ton père, mon beau garçon », mais elle en était incapable. Maman était crispée. Elle cachait mal son appréhension de me voir ainsi partir vers la métropole. Mais il y avait plus...

— ...elle était peut-être un peu envieuse que vous puissiez réaliser ses propres rêves, ceux de découvrir les espaces de ses ancêtres.

Bernard réfléchit. Il passe la main sur son menton.

— Vous avez sans doute raison... J'avais hâte de partir, mes parents ne savaient pas s'ils devaient me retenir, ni comment s'y prendre. Une houle de gens empressés secouait la gare. Au-delà des têtes, la silhouette des wagons m'interpellait. Des coups de sifflet se faisaient entendre à tout bout de champ. Les trains sur les voies de droite allaient vers l'Atlantique, ceux des voies de gauche, vers le Pacifique. Sans hésiter, je me suis dirigé vers les trains de droite. Alors que je levais le pied pour monter à bord, maman m'a glissé à l'oreille : « Si, à ton âge, j'avais pu... » Le signal du départ a sonné... Maman m'a rapidement donné un petit colis enveloppé dans du papier brun.

Mon ami m'offre ce regard unique qui, autrefois, m'avait séduit, cet air inaccessible qui donne accès à l'antichambre de ses sentiments.

— De temps à autre, mais pas trop souvent, dans un café de mon interminable rue Saint-Denis à Montréal, j'écrivais une carte postale que j'envoyais à mes parents dans leur humble bungalow en bois sans étage de la minuscule rue Deschambault. J'écrivais un seul message, le même chaque fois : *Tout est beau ici. Prenez soin de vous.* Aujourd'hui, je ne peux qu'imaginer leur vive inquiétude devant mon insouciance et mon absence prolongée.

On annonce les départs.

— Allez, Bernard, c'est votre train.

— Oui, allons-y... même si je pourrais être tenté de rester plus longtemps.

— Qui sait ? Nous allons peut-être nous revoir ici, bientôt.

— Peut-être bien, un jour... l'avenir le dira.

J'accompagne Bernard jusqu'à son wagon. Alors qu'il monte à bord, mon ami se retourne vers moi.

— J'ai fait ce premier voyage vers Montréal à dix-huit ans, en classe économique. Tout le long, j'ai gardé le front collé à la vitre devant l'immensité des lacs et des forêts. J'y voyais le reflet de toutes les possibilités qui s'offraient à moi. Je ne me suis pas préoccupé du babillage des passagers.

Bernard est arrêté sur la marche du train.

– J'ai contemplé à travers la vitre le visage de toutes ces personnes qui m'avaient appris à tendre vers l'excellence : maman, sœur Marie-des-Oliviers, la dame juive, le père de la Survenance. Leurs visages s'entremêlaient avec ceux des grands auteurs qui m'avaient inspiré à atteindre de nouveaux sommets : Mme Roy, Malraux, Dostoïevski, Camus, Faulkner, Steinbeck, Kerouac, les poètes maudits. J'y voyais d'inépuisables sources d'inspiration pour me guider dans ma nouvelle vie. Rendu à la tête des Grands Lacs, j'ai déballé le colis que maman m'avait remis. J'y ai découvert un livre, *The Catcher in the Rye* de J. D. Salinger. Ce livre m'était offert par la dame juive. Je n'avais pas eu de ses nouvelles depuis plusieurs années mais, manifestement, elle ne m'avait pas oublié. Dans sa dédicace, elle m'invitait, à ne rien tenir pour acquis, à remettre en question les idées reçues, mais de façon constructive : « *The only bad thoughts are those that can bring harm to you and to others. You must learn to think outside the box.* » Elle avait fait un dessin pour mieux illustrer son propos. Il y avait quelques mots en français sous le dessin : « *Il faut sortir des sentiers battus, défier les conventions.* » Elle avait signé la dédicace de son prénom, Naomi, y ajoutant ses coordonnées. Nous avons correspondu un certain temps. Puis la fréquence de nos lettres, surtout des miennes, s'est espacée. Malgré cet éloignement, j'ai pleuré à la nouvelle de son décès. J'ai lu le livre d'une traite, le terminant avant d'arriver à Montréal. J'aurais voulu connaître ce Salinger à l'allure mystérieuse, l'inviter à s'asseoir à mes côtés sur la banquette. Nous aurions pu parler de ses écrits, mais aussi d'autres choses, de la vie en général. On m'avait cependant dit que Salinger était un drôle de pistolet, qu'il vivait en reclus quelque part dans le Vermont ou le New Hampshire. Je ne savais pas trop où ces endroits se trouvaient, mais j'avais l'impression que toutes les personnes intéressantes vivaient dans l'est du continent. Il ne se passait rien de bien excitant dans les Prairies.

Plusieurs passagers s'impatientent derrière nous.

– Bernard, dans quelques minutes, vous allez refaire le même voyage.

– Oui, mais aujourd'hui, je vais demeurer bien calé dans le fauteuil de ma cabine privée. Je vais réfléchir. Vous savez, Marjolaine, ce temps de ma vie ne se prête plus à élaborer des projets, mais à revoir si j'ai pu être fidèle à mes rêves.

Bernard m'envoie lentement un baiser depuis la fenêtre de son compartiment. Le train roule lourdement en dépassant le secteur de La Fourche, ce lieu de jumelage des rivières Rouge et Assiniboine, là où, il y a plus de six mille ans, bien avant l'arrivée des premiers Blancs en terre d'Amérique, les peuples autochtones se rassemblaient déjà. Je sens que, comme Ulysse, mon ami ne sera peut-être revenu au pays que pour repartir. Je jette un dernier regard de l'autre côté de la rivière, vers la grande cathédrale de Saint-Boniface ; le soleil perce l'imposante rosace laissée béante par l'incendie de 1968. Des oiseaux survolent la gare de Winnipeg dans un lacis d'ailes battantes.

26

Ce midi, je me suis rendue à la terrasse d'un café du boulevard Provencher. Je veux lire une lettre que j'ai reçue de mon ami. Cet endroit va me permettre de me retremper dans l'atmosphère de sa visite. Le soleil et l'air frais d'automne me revigorent.

Peu après son retour à Montréal, Bernard m'a envoyé une carte postale avec un message tout aussi succinct que ceux qu'il faisait autrefois parvenir à ses parents : « Suis arrivé sauf à Montréal. Portez-vous bien. »

Puis, il a écrit d'autres mots en lettres tassées pour tout faire entrer sur la petite carte : « Pour la biographie, je n'y tenais pas. J'ai réussi à convaincre les éditeurs de remettre la publication à une autre fois. Gloire et postérité devront attendre ! »

S'il était devant moi, je lui dirais que, lorsqu'il m'en a parlé, moi non plus je ne voulais pas vraiment écrire sa biographie. Pendant son séjour ici, je m'y suis essayée, mais les mots venaient difficilement. En vérité, j'espérais qu'il renonce à ce projet. Bernard a peut-être lui-même senti mes hésitations. Il a pu avoir peur de devoir parler honnêtement de notre relation, de sa façon cavalière d'y mettre fin. Son comportement tranchait trop avec les airs nobles qu'il voulait se donner, lui qui répétait que la forme importait autant que le fond, lui qui pérorait : « Vous savez, chère Marjolaine, tout est dans la façon de faire. » Avec moi, il n'avait pas su faire. Je sentais qu'il le savait.

Après cette carte postale, je n'ai eu aucune nouvelle de lui pendant plusieurs mois. Il ne répondait pas à mes courriels. Au bureau, on disait qu'il avait pris un congé prolongé, ce qui n'était pas dans ses habitudes. Bernard était un homme qui voyait aux affaires de la firme. Enfin, ce matin, j'ai reçu une lettre de sa part.

Les clients du midi quittent le café. À mon arrivée, tout à l'heure, la serveuse était surprise que je choisisse de m'asseoir dehors. J'ai souri en montrant mon chandail de laine, mon jeans et mes bottes Blundstone. J'ai commandé un double americano et un biscotti aux amandes.

Sur l'enveloppe, l'écriture de mon ami est appliquée. Je m'installe confortablement dans ma chaise et je retire la lettre de son enveloppe. Ce romantique a renoué avec le papier Saint-Gilles de l'époque de nos amours. Je retourne la lettre plusieurs fois entre mes mains. Je brosse du bout des doigts le relief des fleurs incorporées au papier. Je sens l'odeur du papier. Je bois une gorgée de café, puis j'entreprends la lecture de la lettre. Je retrouve avec joie les élans poétiques, le style classique de Bernard.

Ma très chère amie,

Je voudrais tout d'abord vous remercier de m'avoir si bien accueilli en cette terre qui m'a vu naître, cette terre aux grands espaces où je ressens encore l'empreinte de mes premiers pas. C'était votre terre d'accueil, c'est devenu l'espace de votre vie.

Permettez ces quelques réflexions d'un homme qui a été témoin du passage du temps. Comme l'écrivait le moraliste Joseph Joubert : « Le soir de la vie apporte avec soi sa lampe. » Je souhaite que cet adage puisse me guider dans les confidences que je m'apprête à vous faire.

Mon voyage de ressourcement au Manitoba m'aura peut-être permis de me convaincre que ma jeunesse n'a pas été qu'une impression, une réalité rêvée, un mirage souhaité, au fil des ans déformé à l'aune des espoirs bafoués. Certes la grande cathédrale, Chez Pat's Barber Shop, l'Académie Saint-Joseph, le Jardin de l'enfance, le collège, le chalet de la plage Albert ne sont plus ce qu'ils étaient. Mais pour le reste – l'essentiel –, tout demeure inchangé. Dans le fondement de leur âme, les espaces de mon enfance sont encore fidèles à eux-mêmes. Mais étant moi-même devenu un autre depuis mon départ, je me suis tout d'abord senti comme un étranger atterri dans un lieu inconnu. Je me suis retrouvé dans un foyer qui n'était plus le mien. Je n'avais conscience des choses du passé qu'à la lueur de ma mémoire, la mémoire souvent défaillante et sans doute aussi sélective d'un homme parfois aigri.

Mon séjour prolongé sous d'autres cieux, surtout ici, à Montréal, n'aura finalement peut-être été qu'un long égarement. J'y ai souvent réfléchi, et j'en suis venu à croire que ce n'était qu'un exil volontaire dont je cherche encore aujourd'hui à comprendre le sens profond.

Lorsque j'ai quitté ma petite ville, voilà plusieurs décennies, peut-être aurait-il mieux valu que je prenne la route des grands explorateurs, comme La Vérendrye parti de

Nouvelle-France pour naviguer sur le lac Winnipeg, à la recherche de frontières inexplorées, loin, jusqu'aux Rocheuses. Comme d'autres aventuriers, peut-être aurais-je dû suivre le parcours du soleil d'est en ouest, jusqu'à l'océan Pacifique. Est-il possible que ce soit dorénavant plus à l'ouest que le soleil se dévoilera, mais surtout qu'il se maintiendra au firmament du temps?

On ne peut redessiner le parcours de nos vies. Ce qui a été fait demeure. Je vous l'ai souvent répété, n'est-ce pas, charmante Marjolaine? Tout au plus peut-on glisser les poussières sous un tapis imaginaire, fermer les yeux et faire comme si… comme si tout s'était déroulé différemment. Pour moi, c'est chose jugée; il est trop tard. Un autre – peut-être votre fils – sera appelé à suivre l'inéluctable parcours du soleil vers des cieux d'avenir. Vers une vie qui sera le reflet d'aspirations éblouissantes.

Le soleil de début d'automne tape encore fort. Je déboutonne mon chandail de laine. Je bois une gorgée de café. Je grimace: mon café a refroidi, je dépose la tasse sur la table d'osier devant moi. Je fais signe à la serveuse de m'en apporter un autre. J'ajoute: «Avec un biscotti au chocolat.» Le moment est à la gâterie. J'écoute le ronflement des moteurs de véhicules devant moi, sur le boulevard Provencher. Je poursuis la lecture de la lettre.

Ce n'est que maintenant, en cette fin de parcours, que j'ai compris – et sans doute même accepté – qu'en tout endroit de mon pays, je suis destiné à être un étranger. Même si on ne m'a jamais traité en inférieur, je demeure un citoyen sans domicile fixe. Je n'ai toujours été que celui qui passe, celui qui lève l'ancre pour toujours partir à la recherche de nouvelles terres de rêve. Aucun espace, ni la petite rue Deschambault du bout du monde, ni ailleurs, à l'est ou à l'ouest, n'a pu véritablement être ma patrie. Plutôt que de me sentir partout chez moi – comme je l'ai longtemps souhaité et sans doute même cru –, je ne m'y suis retrouvé dans aucun recoin.

Tout autour de moi est devenu silencieux. Je n'entends plus le bruit des moteurs. Les voix des passants se sont tues. Tout bouge au ralenti. Je me vois, plus jeune, quitter Montréal, que je pensais être de loin supérieure à tous les autres endroits du Canada. Je me revois bien malgré moi descendre de l'avion à Winnipeg. Au début, j'étais désorientée, perdue, déboussolée. J'étais surtout déçue, perturbée même, de me voir exilée dans cet endroit si étrange. Dans les jours qui ont suivi mon arrivée, j'ai fait de longues marches, sur Broadway et sur Portage, sur Memorial et sur Main, et aussi à La Fourche. J'ai traversé le pont Provencher pour me rendre du côté de Saint-Boniface, je suis allée jusqu'au Club belge, j'ai marché le long des rails, là où ils bordent les courbes de la Seine, puis je suis revenue à Winnipeg par le pont Norwood. Je me suis arrêtée sous les grandes arches; j'ai contemplé les imitations de gerbes de blé qui ressemblent à des flammes au bout de longues chandelles. Je n'avais ni horaire ni itinéraire. J'ai improvisé d'interminables balades en automobile. J'ai roulé du côté de Labroquerie et de Selkirk, de Brandon et de Dauphin, et aussi de Pinawa et du Lac-du-Bonnet. Au gré de mes humeurs, je suis allée en Saskatchewan, jusqu'à North Battleford, Moose Jaw et Val Marie. J'ai ensuite traversé la frontière avec le Montana, puis j'ai roulé jusqu'au Dakota et au Minnesota. Au début, je me suis sentie comme une intruse dans ces terres étrangères. Les paysages défilaient devant moi sans que je les remarque vraiment. Ensuite, peu à peu, au gré de centaines, puis de milliers de kilomètres, j'ai été émerveillée par la majesté des vastes plaines. Je me suis retrouvée dans un pays de ciels vivants. Les horizons se déployaient, s'inclinaient puis se redressaient tour à tour les uns devant les autres pour ne faire qu'un seul ciel plus vaste que la portée du regard. On dit d'ailleurs ici qu'en regardant au loin, on aperçoit, dès mercredi, arriver la visite du dimanche. J'ai consigné dans mon journal les paroles d'une chanson que j'avais entendue dans un bar de Sioux Falls, au Dakota du Sud : *Because love is mainly just memories, you see / And everyone has got him a few / So when I'm gone, I'll be glad to love you.* Le serveur m'a dit que c'était de Jesse Winchester. Je ne savais pas encore qui était Winchester, mais aujourd'hui, j'aime bien l'écouter de temps à autre. Petit à petit, j'ai apprivoisé mon nouvel environnement manitobain. Je me suis abonnée à l'Orchestre symphonique, au Royal Winnipeg Ballet, au théâtre du Cercle Molière. J'ai aussi assisté à des spectacles de musique au 100 NONS. J'ai rencontré un homme, et d'autres encore, puis le père de William. Ensuite quelques autres. Je croyais qu'on a tous accès à l'amour, qu'il s'agit de chercher un peu pour le trouver. Aujourd'hui, j'ai compris qu'on peut chercher tant qu'on veut, si l'amour ne se présente pas à nous, on ne le trouvera pas. Alors, je ne me casse plus la tête, je ne cherche plus. On verra. J'ai William, j'ai mon travail. J'ai quelques amis. J'ai aussi le souvenir de Bernard. J'ai surtout le sentiment d'avoir finalement accepté cette relation telle que la vie me l'a offerte. *Time is on my side.*

Je ferme les yeux, puis les rouvre. Les voix des passants et le bruit de moteurs me ramènent au boulevard

Provencher. Je peux reprendre la lecture de la lettre de Bernard :

> Peut-être serait-il préférable que mon ultime nulle part, l'endroit de mon dernier repos, soit parmi les miens, là où vous êtes, plutôt qu'en tout autre lieu... que ce soit là que mon âme décide de se déposer, parmi ma famille, ces personnes qui sont certes imparfaites, tout comme l'espace de mes origines. Cet endroit n'est-il pourtant pas le creuset de mon sang et de mon esprit ? En somme, ne suis-je pas issu de l'enchevêtrement des rivières Rouge, Assiniboine et Seine, dont les eaux métissées se mêlent encore dans mes veines ?
>
> J'ai cru que la vie, comme la littérature, m'apporterait connaissance et science, qu'à force de lectures et de recherches, je deviendrais une éminence grise, une sorte de savant, vers qui tous se tourneraient pour profiter des lumières. Ce voyage m'aura toutefois permis de comprendre que je n'ai souvent été qu'un faux-monnayeur, plus salace que sage, un petit fumiste qui refusait de sonder la profondeur des émotions, les siennes comme celles des autres. Je suis devenu expert en ruses et subterfuges, distribuant généreusement les cartes, tout en me gardant la main haute.
>
> À travers tous mes calculs, j'en suis venu à me déjouer moi-même, à croire que j'étais de bonne foi, alors qu'en réalité, je ne cherchais qu'à plaire, à obtenir les faveurs que je prétendais m'être dues. Je paraissais magnanime ; j'étais égoïste. J'affichais un air humble et généreux pour mieux me glisser dans la peau du maître de jeu.
>
> En m'élevant au-dessus de la mêlée, j'ai évité l'harmonie et le choc des sentiments. Je tenais mes relations – dont la nôtre, j'ai le regret de l'avouer – à bout de bras.
>
> En cette fin de parcours, un constat s'impose : le seul espace qui soit mien, mon unique coin de pays, ne s'est toujours trouvé qu'en moi, là où je me suis appliqué à ne pas chercher.
>
> Ma très chère Marjolaine, je sais que je ne vous ai jamais donné la chance de me révéler vos secrets les plus profonds,

ni à Londres, ni à Montréal, ni au lit, ni ailleurs. Je reconnais que, chaque fois, j'ai fermé les portes avant même qu'elles pussent s'ouvrir. Croyez-moi, ce n'était pas par mauvaise volonté. Je ne m'en sentais pas la capacité. Les événements de ma jeunesse – ceux dont je vous ai finalement fait part – me l'interdisaient. Je suis allé au Manitoba conjurer ces sentiments trop longtemps refoulés. Je devais exorciser ces événements que j'ai finalement compris, acceptés puis révélés, mais sans doute beaucoup trop tardivement. Vous m'avez prêté une oreille attentive ; j'aurais voulu pouvoir en faire autant pour vous.

J'aurais voulu vous dire tout ceci de vive voix lorsque nous nous sommes arrêtés devant la tombe de Riel. J'ai placé la main sur la stèle de cet homme qui a eu la hardiesse de ne pas s'enfermer dans le silence. J'espérais y puiser la force – plutôt le courage – de vous parler sans retenue, mais les mots sont demeurés figés sur mes cordes vocales. J'aurais voulu, pour une fois, m'excuser de bonne foi. Vous n'en demandiez pas tant, puisque vous avez su pardonner. Vous avez fait la paix, ne gardant de moi que ce que vous percevez comme mes qualités et vous accommodant de mes défauts. Comme maman le disait de mon père, vous murmuriez sans doute : « Que voulez-vous, c'est comme ça qu'il est fait, Bernard. On ne pourra pas le changer. » Pour vous, mes agissements, la blessure que je vous ai infligée, c'est de l'histoire ancienne. Vous vous demanderez pourquoi je soulève ces questions d'un lointain passé. Vous direz que ce n'est pas important. Vous vous souviendrez que je vous ai moi-même déjà dit qu'il n'est pas nécessaire de tout pardonner, que le temps fait son œuvre. Vous sourirez en m'entendant vous le dire, mais voilà, après toutes ces années, je vous présente mes excuses les plus sincères pour mon comportement envers vous. Je dois reconnaître que même si mes amendes sont franches, elles ne sont pas pour autant dénuées d'intérêt personnel. J'y trouve moi aussi mon compte. En les faisant, je me libère du poids de la culpabilité, puisque les excuses que l'on présente servent surtout à procurer la paix d'esprit. Un homme qui jette un regard honnête sur son passé mérite bien cela pour vivre en harmonie avec lui-même.

Voilà pourquoi je vous écris. Le papier de cette lettre ne me posera pas de question. Il nous tiendra à distance. Encore aujourd'hui, l'éloignement me permet un rapprochement que je ne saurais autrement espérer.

Avec mon amitié la plus sincère,

Bernard

Je ne peux m'empêcher de verser quelques larmes en lisant la lettre. Je sais maintenant que je ne reverrai probablement plus Bernard. C'est comme ça qu'il veut me faire ses adieux. Je me promets de me mettre sérieusement à la rédaction de sa biographie. Je vais attendre le moment opportun, puis je vais envoyer le manuscrit à un éditeur de Saint-Boniface ; il y en a de très bons ici. Je vais rédiger ce texte sans complaisance, comme l'aurait souhaité mon ami. Je ne manquerai pas de prévoir un chapitre pour mettre en évidence toute la place que Bernard a occupée dans ma vie. Je vais ponctuer la fin de points de suspension. Je sais maintenant que tout n'est jamais complètement compris d'une vie. Nous pouvons tout au plus en recoller des fragments, comme une potiche qu'on a échappée en l'époussetant.

Je m'installe derrière le volant de ma voiture. Je chausse mes verres fumés, tout en actionnant quelques boutons sur le tableau de bord. Des haut-parleurs monte la musique de Bach, les *Variations Goldberg* interprétées par Gould. Les marmonnements du pianiste irritaient Bernard ; moi, je trouve au contraire que ces bruits de fond renforcent le génie de l'artiste.

J'ouvre le toit de la voiture et je reprends la route. Mes cheveux volent au vent. À ma gauche, le hauban en pointe d'aiguille de l'esplanade piétonnière Louis-Riel s'élance vers le ciel ; on dirait l'iceberg d'un tableau de Lawren Harris qui se serait glissé sur les flots de la rivière Rouge pour trouver refuge au milieu des Prairies. Une volée de bernaches jacasse en poursuivant la courbe innée de son trajet entre ciel et terre vers le Sud.

La circulation est légère sur le boulevard Provencher. Dans quelques minutes, je serai rendue chez moi, à Winnipeg. J'ai promis à William de l'emmener prendre un gelato chez les Italiens de l'avenue Corydon.